LA
JÉJUNOSTOMIE

PAR

Le Dr Joseph BOSQUET

DE LA FACULTÉ DE PARIS
LAURÉAT DE LA FACULTÉ LIBRE DE LILLE

PARIS

GEORGES CARRÉ ET C. NAUD, ÉDITEURS

3, RUE RACINE, 3

1899

LA
JÉJUNOSTOMIE

PAR

Le Dr Joseph BOSQUET

DE LA FACULTÉ DE PARIS
LAURÉAT DE LA FACULTÉ LIBRE DE LILLE

PARIS

GEORGES CARRÉ ET C. NAUD, ÉDITEURS

3, RUE RACINE, 3

—

1899

A LA MÉMOIRE VÉNÉRÉE DE MON PÈRE

A MA MERE

A MON PRÉSIDENT DE THÈSE

M. LE PROFESSEUR TILLAUX

PROFESSEUR DE CLINIQUE CHIRURGICALE A L'HÔPITAL DE LA CHARITÉ
MEMBRE DE L'ACADÉMIE DE MÉDECINE
COMMANDEUR DE LA LÉGION D'HONNEUR

DÉFINITION

Considérée à un point de vue général, l'entérostomie peut se définir : l'abouchement temporaire ou définitif d'une anse intestinale à la peau.

Mais les bouches ou fistules, créées sur le trajet de l'intestin, peuvent servir à deux fonctions très distinctes : — soit à l'élimination des résidus de la digestion, lorsque l'obstacle siège plus bas que la fistule : et alors on les appelle « anus contre nature »; — soit à l'introduction dans le tube digestif de matériaux alimentaires, quand la partie supérieure des voies digestives, œsophage ou estomac, présente un rétrécissement infranchissable. En raison de leur siège sur une des premières parties de l'intestin grêle, on donne à l'opération qui les établit le nom de duodénostomie ou jéjunostomie.

Au point de vue alimentation, la duodénostomie a le même but et présente les mêmes avantages que la jéjunostomie; mais la difficulté plus grande de son exécution lui fait préférer cette dernière opération.

On peut donc définir la jéjunostomie : « La création, entre une anse jéjunale et la peau, d'un orifice temporaire ou définitif, destiné à l'introduction des substances alimentaires ».

Quoique déjà ancienne (la première fut faite en 1878), la jéjunostomie est plutôt une opération rare. Le peu de succès obtenu par les différents auteurs explique sans doute le petit nombre de tentatives faites en ce sens. Remarquons toutefois que la mortalité tient surtout à ce que la jéjunostomie n'a guère été appliquée qu'à des cas désespérés, et plutôt pour procurer au malade un soulagement ou une satisfaction.

HISTORIQUE

La jéjunostomie est une opération d'origine française.
Surmay, chirurgien de l'hôpital du Ham, en conçut l'idée
le premier. Déjà, en 1877, il adresse à l'Académie de
médecine un pli cacheté dans lequel il décrit la technique
de cette opération.

En 1878, il fait paraître dans le *Bulletin général de
Thérapeutique* (1) un article où il établit, théoriquement,
la possibilité et l'utilité de l'entérostomie : « L'idée
« de l'entérostomie m'a été suggérée par l'observation
« d'une oblitération du pylore qui, succédant à quelques
« troubles vagues et non douloureux de l'estomac datant
« de trois mois et pour lesquels on avait à peine consulté,
« amena la mort en six semaines, sans aucun signe de
« cachexie, mais par alimentation insuffisante. Pendant
« environ dix jours, le pylore resta fermé : l'estomac ne
« retenait que l'eau pure ou légèrement rougie de vin. Les
« selles étaient supprimées, la peau était refroidie, la mort

---

(1) SURMAY. De l'entérostomie. *Bull. gén. de thérap.*, 1878, t. 94,
p. 445.

« était imminente. Survint une hématémèse, et cet acci-
« dent se renouvela pendant les deux ou trois jours sui-
« vants. Dès lors, quelques aliments, presque exclusive-
« ment des liquides, ne furent pas rejetés, les selles
« reparurent et le malade se soutint encore ainsi, les lave-
« ments alimentaires aidant peut-être, pendant une ving-
« taine de jours. Sans doute une ulcération avait fait un
« passage dans la tumeur qui fermait le pylore. Il n'y avait
« plus à songer à ouvrir l'intestin ; mais cette opération
« n'eût-elle pas été indiquée, si les symptômes fussent
« restés exclusivement bornés à ceux de l'occlusion pylo-
« rique? »

Dans les cas de rétrécissement infranchissable du pylore
causés par une coarctation fibreuse ou cicatricielle, et surtout par la présence d'une tumeur maligne, il y a lieu,
pour empêcher la mort par inanition, de faire une opération analogue à celle que l'on exécute dans les cas de rétrécissement du cardia ou de l'œsophage : créer une fistule
intestinale et alimenter le malade par cette voie. Le jéjunum sera choisi de préférence au duodénum, parce qu'il
est plus facilement mobilisable.

Le malade pourra-t-il vivre sans son estomac? Oui, dit
Surmay, car l'estomac ne fait guère que préparer la digestion intestinale, en triturant et divisant les matières
alimentaires. Le suc gastrique agit, il est vrai, sur les
substances albuminoïdes; mais ces dernières sont rendues
assimilables surtout par le suc pancréatique et le suc intestinal. L'absence de ces deux sécrétions est beaucoup
plus grave que l'absence du suc gastrique.

A l'appui de ses affirmations, Surmay cite une com-

munication faite par M. Dujardin-Beaumetz à la Société
médicale des hôpitaux le 9 novembre 1877. Il s'agissait
d'un homme à l'autopsie duquel on trouva la presque
totalité de l'estomac, sauf la région pylorique, sphacélée
dans toute son épaisseur et transformée en une escarre
mollasse qui avait envahi le diaphragme et les épiploons.
Cet homme avait vécu quatorze jours en conservant l'in-
tégrité complète de ses fonctions digestives, supportant,
sans aucun vomissement, le régime lacté « et gardant jus-
« qu'à sa mort, qui arriva par hémorragie gastrique,
« toutes les apparences de la santé ». L'alimentation purement intestinale est donc possible.

Quant à la déperdition de bile et de suc pancréatique,
Surmay compte l'éviter en introduisant par l'ouverture
une sonde en T, qui empêchera en outre l'oblitération du
segment duodénal.

Le 19 juin 1878, Surmay (1) pratique la première
jéjunostomie, avec l'assistance de MM. Le Dentu et Dujardin-Beaumetz, chez une femme de vingt-six ans, présentant tous les signes d'une sténose néoplasique du pylore,
et arrivée à un état d'émaciation extrême. La malade mourut trente heures après l'opération, sans autres symptômes
que ceux d'un affaiblissement progressif.

La 2ᵉ opération est due à Robertson, d'Oldham (2) :
il s'agissait d'une obstruction pylorique de nature bénigne,
avec dilatation de l'estomac secondaire. Robertson préten-

---

(1) SURMAY. *Bull. gén. de thérap.*, 1878, t. 95, p. 198.
(2) ROBERTSON. *British med. Journal*, 1885, t. I, p. 376.

dait créer seulement une fistule temporaire, pour alimenter le malade jusqu'à ce, que fût levée l'obstruction du pylore. Il semble même indiquer son intention de faire par cette voie la dilatation rétrograde de l'orifice pylorique. Robertson connaissait l'opération de Surmay ; cependant, son procédé est un peu différent. Il fait une laparotomie sous-ombilicale « pour éviter le côlon transverse ». Les circonstances ne lui permirent pas de pratiquer le 2ᵉ temps de l'opération : le malade succomba 8 heures après.

A la *Clinical Society of London,* le 27 novembre 1885, Golding-Bird (1) communique un nouveau cas de jéjunostomie, faite chez un homme de 46 ans. Rappelant le succès obtenu par Billroth dans un cas d'excision du pylore, l'auteur déclare que, si l'ouverture du péritoine pour une opération radicale ou palliative est chose grave, le « martyre » que subit un malade qui ne peut ni manger ni digérer est tel qu'on doit tenter de lui donner un soulagement quelconque. La pylorectomie était impossible, dans ce cas, à cause des adhérences nombreuses et profondes qui unissaient le pylore aux organes voisins. La jéjunostomie fut tentée et réussit ; le malade, s'alimentant fort bien par la fistule, vécut pendant 9 jours très amélioré. Mais un accident se produisit dans l'alimentation et il mourut de péritonite en 12 heures.

Le chirurgien anglais estime que, comme opération palliative, la jéjunostomie est préférable à la gastro-enté-

____

(1) GOLDING-BIRD. *Clinical Society's Transactions,* t. XIX, p. 70.

rostomie; outre la facilité plus grande d'exécution, les chances de péritonite sont moindres et l'on assure à l'estomac malade un repos physiologique complet.

La lecture de cette observation fut suivie d'une longue discussion sur les avantages de la gastro-entérostomie et de l'entérostomie. Tandis que B. Jessett se prononçait en faveur de la première opération, Pearce-Gould se déclarait partisan convaincu de la seconde. Il l'avait du reste pratiquée, avec peu de succès il est vrai, le 8 septembre 1885, c'est-à-dire plus de deux mois avant l'opération de Golding-Bird.

The Lancet du 12 décembre 1885 (1) publie *in extenso* cette observation de Pearce-Gould. L'auteur rejette la pylorectomie. « Dans 62 cas que je connais, la mortalité a été de 74,7 pour 100; et dans 56 cas de sténose par tumeur maligne, elle s'est élevée à 77,4 pour 100, la principale cause de mort étant le collapsus dû à la gravité de l'opération. » Et plus loin : « Les mêmes considérations me poussent à rejeter la gastro-entérostomie dont la mortalité a été de 73 pour 100 dans les cas de cancer : elle demande habituellement de une à deux heures et offre de grands désavantages : présence de sutures viscérales intra-péritonéales; absence de repos et maintien d'une irritation locale pour l'estomac malade; écoulement possible et probable de bile dans l'estomac, empêchant la digestion ». Quoiqu'il ait fait une laparotomie médiane, Pearce-Gould

---

(1) LEE et PEARCE-GOULD. Cancer of the pylorus and duodenum : jejunostomy : diath. *The Lancet*, 1885, t. II, p. 1092.

indique comme lieu d'élection la ligne semi-lunaire gauche. Quant aux aliments, ils devront avoir une réaction franchement acide, être injectés lentement et par petites quantités pour permettre leur mélange graduel avec la bile, le suc pancréatique et le suc intestinal.

Nous n'avons rencontré jusqu'ici que des travaux français et anglais. En 1887, le P' Maydl, de Prague, publie dans le *Wiener Medicinische Jahrbücher* (1) un long article sur cette question. Il débute par une critique de la duodénostomie dont il a déjà, dit-il, décrit antérieurement la technique. Il discute le procédé de Braune. Puis, passant à la jéjunostomie, il rappelle les travaux de Surmay et rejette son procédé peu scientifique de découvrir le segment supérieur du jéjunum. Enfin il décrit un nouveau procédé : laparotomie sus-ombilicale avec incision horizontale : suture de l'intestin à 20 centimètres au-dessous de l'origine du jéjunum : ouverture de l'intestin au thermo cautère. L'opération sera faite en 2 temps, à 4 ou 5 jours d'intervalle, si l'état du malade le permet. En cas d'urgence, on doit ouvrir immédiatement le jéjunum. Le régime du malade devra se composer surtout d'aliments liquides peptonisés. Le premier opéré de Maydl survécut 7 semaines sans accidents.

Dans la 1ʳᵉ édition de sa Chirurgie abdominale, Greig Smith (2), parlant de la jéjunostomie, cite les noms de

---

(1) Maydl. Ueber Jejunostomie oder die Anlage einer Ernährung fistel bei radical inoperabler Pylorussenge. *Wien. med. Jahrb.*, 1887, t. II, p. 539.

(2) Greig Smith. *Abdominal Surgery*. London, 1887.

Pearce-Gould, de Golding-Bird, d'Ogston (1) dont l'opération fut particulièrement heureuse. Théoriquement, la jéjunostomie lui semble préférable à la duodénostomie, étant donnée la facilité de son exécution. Quant à la valeur respective de ces deux opérations en ce qui concerne l'alimentation, on ne saurait établir de différence entre elles. Quand on ne peut exciser le pylore, il reste à choisir entre la jéjunostomie et la gastro-entérostomie : celle-ci peut être appliquée à des malades vigoureux : celle-là se recommande par sa rapidité.

Dans la 3ᵉ édition de son ouvrage, 1889, Greig Smith (2) préconise pour la gastrostomie, un nouveau procédé de suture, également applicable à la jéjunostomie.

Ce nouveau procédé fut appliqué par Mayo Robson (3) en 1891. L'opération fut heureuse. La malade guérit et put vivre encore deux mois s'alimentant fort bien par sa fistule.

En 1891 également, Jessett communique à la *Clinical Society of London* deux observations de jéjunostomie faites pour deux cas de cancer du pylore. Jessett (4) a appliqué à la jéjunostomie les plaques d'os décalcifié que Senn avait proposées pour la gastro-entérostomie et les anastomoses intestinales. Succès opératoire : mais, comme dans la plu-

---

(1) Nous n'avons pu, malgré des recherches plusieurs fois répétées, trouver la relation de cette opération signalée par Greig Smith.

(2) Greig Smith. *Abdominal Surgery*. London, 1889, p. 361.

(3) Robson. Two cases of pylorectomy and one of jejunostomy. *Medico-Chirurgical Transactions*, t. LXXV, p. 407.

(4) Jessett. Two cases of jejunostomy for carcinoma of the stomach. *Clinical Society's Transactions*, t. XXV, p. 105.

part des cas précédents, les malades succombèrent aux progrès de la maladie après une survie de 7 mois pour le premier, de 6 semaines pour le second.

La méthode préconisée par Jessett est de nouveau appliquée, en 1891, par Ch. Larkin (1) dans un cas de cancer du pylore où la gastro-entérostomie avait échoué. L'orifice gastro-intestinal de nouvelle formation s'était oblitéré au bout de deux mois, reproduisant les mêmes phénomènes de sténose qui avaient nécessité la première opération : pour prolonger la vie de la malade, on dut faire une jéjunostomie.

Larkin trouve cette méthode « admirable ». Elle est simple, dit-il, rapide, et constitue un grand progrès sur les vieilles méthodes de suture. Peut-être de tels éloges sont-ils un peu exagérés. Du reste, si la méthode de Senn pour la gastro-entérostomie a été depuis transportée sur le continent, en Allemagne, et en France par Villar et Matignon, nous ne croyons pas que la méthode de Jessett pour la jéjunostomie ait trouvé d'autres imitateurs.

Jusque-là tous les procédés d'entérostomie constituent ce que M. Terrier appelle des jéjunostomies latérales. La bouche artificielle n'occupe qu'une partie de la circonférence intestinale : elle est faite sur un des bords du jéjunum, bord opposé à l'insertion mésentérique. On respecte la continuité de l'intestin, tout en prenant des

(1) LARKIN. A case of gastro-enterostomy for relief of pyloric obstruction followed later by recurrence of symptoms for wich jejunostomy was performed. *The Lancet*, 1891, t. II, p. 667.

précautions minutieuses pour assurer le cours de la bile et du suc pancréatique.

Nous voyons, en 1892, apparaître un nouveau procédé : il est dû à Maydl, de Prague, qui le publie dans le *Wiener medicinische Wochenschrift* (1). Son article débute par des reproches amers à l'adresse des chirurgiens français dont l'excessive prudence nuit aux progrès de la chirurgie abdominale. Parlant de l'excision du pylore, le P^r Le Fort avait dit un jour : « Cette opération a déjà été tentée sur des chiens, elle le sera bientôt sur des Allemands ». A son tour, Maydl reproche aux chirurgiens français de ne plus s'occuper de la chirurgie gastro-intestinale. Dans son nouveau procédé, il sectionne complètement l'intestin et suture à une des extrémités de la plaie le segment inférieur du jéjunum. Quant au bout proximal qui se continue avec le duodénum, Maydl l'abouche avec le bout distal par une anastomose latérale faite à quelque distance au-dessous du point de section. De cette façon le cours de la bile se fera d'une façon régulière et l'on n'aura pas à craindre son issue au dehors, non plus que la régurgitation des aliments.

Deux malades, opérés d'après cette méthode, donnent deux guérisons, et Maydl (2) publie leurs observations dans un nouvel article.

Ce procédé, que nous appellerions volontiers jéjunostomie terminale, séduit à première vue et semble réaliser

---

(1) Maydl. Ueber eine neue Methode zur Ausführung der Jejunostomie und Gastroenterostomie. *Wiener medic. Wochens.*, 1892, p. 697.

(2) Maydl. *Ibid.*, p. 785.

toutes les conditions d'une jéjunostomie idéale. On pourrait cependant lui reprocher les tiraillements sur le mésentère que nécessite l'écartement des deux bouts de l'intestin sectionné, ainsi que la durée de son exécution.

Le procédé de Maydl a été appliqué deux fois. En 1896, Helferich (1) opère de cette façon, à la clinique de Greifswald, une malade atteinte d'un cancer de l'estomac. La seule modification apportée par Helferich est l'emploi du bouton de Murphy pour l'anastomose jéjuno-jéjunale.

En 1897, Maylard (2), de Glasgow, reprend lui aussi la méthode de Maydl, dans un cas de cancer massif de l'estomac. Mais il remplace l'incision horizontale de l'auteur par une incision sus-ombilicale, médiane et verticale ; en outre, comme Helferich dont il ignore cependant l'opération, il emploie le bouton de Murphy pour l'abouchement de l'extrémité supérieure dans l'extrémité inférieure.

C'est également de la méthode de Maydl que semble s'être inspiré le Pr Albert (3), de Vienne, dans les deux opérations qu'il fait en 1894. Nous verrons du reste, en décrivant les divers procédés opératoires, en quoi diffèrent ces deux méthodes. Les modifications apportées par Albert semblent plutôt de nature à compliquer l'opération qui demanderait à être accomplie très rapidement. On ne voit pas bien nettement l'utilité de ce pont cutané au-dessous

---

(1) Helferich in Borcher. *Thèse*, Geifswald, 1896.
(2) Maylard. *The Lancet*, 1897, t. II, p. 1454.
(3) Albert. Eine neue Methode der Jejunostomie. *Wiener medic. Wochens.*, 1894, p. 57.

duquel vient s'engager l'anse jéjunale. L'auteur veut, par ce moyen, empêcher tout écoulement de liquide, créer une sorte de sphincter. Mais, dans toutes les observations publiées, cet écoulement est plutôt exceptionnel : et ne doit-on pas craindre bien davantage que, en se cicatrisant, ce pont ne resserre progressivement l'intestin qu'il recouvre et n'entrave le passage des liquides alimentaires? Du reste, les deux malades d'Albert ont survécu trop peu de temps pour qu'on ait pu apprécier la valeur de sa méthode.

Avec Hahn (1), nous revenons à la jéjunostomie latérale, telle que l'avait créée Surmay. Hahn relate 5 opétions qu'il a faites depuis 1887. Il s'agissait dans deux cas de rétrécissements cancéreux de l'œsophage : les deux opérés sont morts, l'un le 4ᵉ jour, l'autre le 13ᵉ jour après l'opération. Dans un cas de cancer de l'estomac inopérable, l'opération réussit et le malade put, au bout de 2 mois, s'alimenter par la voie buccale sans aucun inconvénient. Enfin les deux dernières observations ont trait à des tentatives d'empoisonnement par l'acide sulfurique : la première malade guérit complètement, la seconde meurt, au bout de quelques jours, de péritonite purulente consécutive à une perforation de l'estomac.

En 1894, Montaz, de Grenoble (2), publie une nouvelle observation de jéjunostomie latérale, pour cancer de l'estomac. C'est encore le procédé de Surmay : mais Montaz

---

(1) Hahn. Ueber Jejunostomie. *Deutsche med. Wochens.*, 1894, t. XX.
(2) Montaz. Entérostomie. *Dauphiné médical*, 1894, p. 94.

Bosquet.   2

emploie pour les sutures la méthode préconisée par
M. Terrier pour la gastrostomie. Montaz ne connaît que
les opérations d'Albert : aussi croit-il avoir fait la première
jéjunostomie en France. Son opéré guérit et ne succomba que beaucoup plus tard aux suites de sa maladie.

C'est encore un procédé de jéjunostomie latérale
qu'applique Freiher von Eiselsberg dans les 3 cas que
rapportent en 1895 les *Archiv für klinische Chirurgie* (1).
Le chirurgien allemand a employé un procédé analogue à
celui de Witzel pour la gastrostomie : création d'une gouttière par plissement longitudinal de l'intestin, ouverture
du jéjunum au fond de cette gouttière et introduction d'une
sonde. La statistique d'Eiselsberg donne, pour 3 cancers
de l'estomac : une mort, une survie de 5 semaines, et une
guérison complète avec disparition des phénomènes de
sténose.

En 1896, Karewski (2) publie à son tour un travail sur
l'application du procédé de Witzel à la jéjunostomie. Il
essaie de faire la statistique des opérations antérieures :
malheureusement ses recherches ont été incomplètes, car
il ne relate que 12 cas, 9 pour cancer de l'estomac, 3 pour
rétrécissement par caustiques. Sur ces 12 opérés, dit-il,
6, soit 50 pour 100, ont survécu plus de 10 jours ; mais
ce qui fausse les statistiques, ce que l'on ne saurait trop

---

(1) Eiselsberg. Zur frage der Jejunostomie. *Arch. für klin. Chir.*,
t. L, p. 932.

(2) Karewski. Ueber ein Fall von Chlorzinkvergiftung, nebst Bemer-
kungen zur Jejunostomie. *Berliner klin. Wochens.*, 1896, p. 1112.

faire ressortir, c'est l'état de cachexie profonde où se trou-
vaient les malades au moment de l'opération.

Ce travail était à peine paru que von Eiselsberg ré-
clamait et établissait en sa faveur la priorité de l'emploi
du procédé de Witzel (1). Il rappelle qu'il a fait en 1895
une communication à ce sujet au Congrès de chirurgie
allemand et publié un mémoire sur cette question.

Karewski reconnaît volontiers les droits d'Eiselsberg :
le fait de l'avoir imité inconsciemment est une preuve de
plus en faveur de la supériorité du procédé.

Signalons encore une observation de Scott, en
1897 (2).

Dans sa Chirurgie de l'intestin, Jeannel (3) consacre
quelques pages à la jéjunostomie. Parmi les nombreux
procédés employés par les divers auteurs, il cite seulement
ceux de Montaz et de Maydl : il ignore les travaux de
Surmay et attribue à Montaz l'unique opération de ce
genre faite en France. Le procédé de Maydl (jéjunostomie
terminale) est le procédé de choix ; mais l'anastomose
jéjuno-jéjunale prolonge l'opération d'une façon dangereuse. Jeannel se demande si l'on ne pourrait imiter les
méthodes d'entérostomie et créer une communication entre
les 2 anses jéjunales par la pression lente d'une pince
laissée à demeure dans la plaie. Cette idée n'a pas encore
été mise à exécution.

---

(1) Von Eiselsberg. *Arch. für klin. Chirurgie*, t. LIV.

(2) Scott. Gastro-enterostomy, jejunostomy, and jejunorraphy on the
same case. *Clereland med. Journ.*, 1897, II.

(3) Jeannel. Chirurgie de l'intestin, p. 92.

En 1898, paraît la thèse de Verdin (1) sur la Duodénostomie et la Jéjunostomie. Après une longue description de l'anatomie normale et pathologique du duodénum, l'auteur décrit un certain nombre de procédés opératoires et publie 17 observations dont 2 inédites dues à M. Peyrot.

Enfin, à la *Société de Chirurgie de Paris*, séance du 9 novembre 1898, M. Terrier (2) communique une nouvelle observation : il insiste surtout sur ce fait que l'opération est d'origine française et que tout le mérite de sa création revient à Surmay.

M. Le Dentu (3), qui assista à la première entérostomie de Surmay, ajoute qu'il a fait dans un cas une jéjunostomie que son peu de régularité permettrait d'appeler atypique. Le procédé de choix, d'après M. Le Dentu, est la laparotomie médiane avec ouverture de l'intestin en 2 temps.

Tels sont, exposés aussi brièvement que possible, les travaux parus jusqu'à ce jour sur le sujet qui nous occupe.

---

(1) VERDIN. Duodénostomie et jéjunostomie. *Thèse*, Paris, 1898.

(2) TERRIER. Quelques remarques sur la jéjunostomie. *Bull. de la Soc. de chir.*, 1898, p. 986.

(3) « C'était une femme très cachectique que j'opérai à Necker pour un cancer de l'estomac. Je fis l'incision sur la ligne médiane : cette incision me mena sur une cavité formée par l'estomac adhérent et perforé qui laissait écouler son contenu. Il n'y avait plus de paroi stomacale pour dire. Je fixai l'estomac avec l'épiploon tant bien que mal, tâchant d'isoler l'orifice stomacal. Ceci fait, je pris l'anse intestinale la plus rapprochée du duodénum et la fixai avec soin à la paroi. J'en fis l'ouverture : la malade mourut au bout de 4 ou 5 jours sans infection ». LE DENTU. *Bull. de la Soc. de chir.*, 1898, p. 996.

INDICATIONS

D'après la définition donnée plus haut, la jéjunostomie répond à l'indication générale suivante : permettre l'alimentation d'un malade pendant un temps plus ou moins long, quand un obstacle siège sur les voies digestives supérieures.

C'est surtout dans les cas de cancer du pylore que la jéjunostomie reçoit le plus souvent son application. En rendant la digestion impossible, la sténose pylorique amène une cachexie rapide et cause à bref délai la mort par inanition.

Lorsque la tumeur est bien localisée au pylore, sans propagation ni adhérences aux organes voisins, l'excision est le procédé de choix.

A un degré plus avancé, lorsque les parois stomacales sont envahies sur une certaine étendue, lorsque les ganglions sus-claviculaires sont pris, lorsqu'on peut sentir des noyaux secondaires dans le foie, dans le pancréas, ou dans le péritoine, lorsque des adhérences profondes ne permettent pas la mobilisation de l'estomac cancéreux, la gastro-entérostomie ou abouchement d'une anse intestinale, ordinairement le jéjunum, à la paroi stomacale se

trouve indiquée comme opération palliative. Mais pour
mener à bien cette intervention, il faut encore que la paroi stomacale présente une assez large surface indemne ;
on ne peut, dans un tissu envahi par l'infiltration néoplasique, créer une fistule et y suturer l'intestin. L'oblitération de l'orifice néo-formé se produirait rapidement,
accompagné des phénomènes de sténose qui nécessitent
l'intervention.

C'est du reste ce qui arriva dans un cas publié par
Larkin : deux mois et demi après une gastro-entérostomie, la sténose était complète et l'on dut recourir à la jéjunostomie. L'autopsie faite 3 mois après permit de constater
l'oblitération totale de la bouche gastro-jéjunale. D'après
les auteurs qui se sont occupés de la gastro-entérostomie,
cet accident serait plutôt rare. Et cependant, dans le cas
de Larkin, la paroi n'avait pas été incisée au niveau de
la tumeur elle-même, mais seulement dans son voisinage.

La gastro-entérostomie présente encore d'autres inconvénients. C'est d'abord la longue durée de l'opération qui
varie de 1 heure et demie à 2 heures : or, chez des malades
affaiblis comme le sont en général ceux que l'on soumet
à ce traitement, il y a tout intérêt à agir le plus rapidement possible. Comme conséquence, la mort par shock
opératoire est fréquente (1). La gastro-entérostomie ne
supprime pas le contact irritant des matières alimentaires
avec la tumeur : cette irritation continuelle ne peut qu'ac-

---

(1) MATIGNON. La gastro-entérostomie. *Bull. gén. de thérap.*, t. CXXV,
p. 106.

célérer la marche de la lésion. Le danger d'hémorragie par ulcération persiste également.

Au point de vue de la fonction digestive, peut-être la supériorité de la gastro-entérostomie n'est-elle pas aussi grande et aussi nette qu'on l'affirme parfois. De quelle utilité peut être en effet un estomac dont la muqueuse est en grande partie envahie par le cancer? Les sécrétions sont, sinon taries, du moins très réduites. L'estomac n'aurait donc d'autre utilité que de servir de trop-plein et de conserver les aliments jusqu'à ce que l'intestin veuille bien leur livrer passage. Enfin l'orifice de nouvelle formation fonctionne-t-il comme le faisait l'orifice pylorique et pourrait-il garder les aliments jusqu'à ce qu'ils aient subi leur première transformation par l'action du suc gastrique? Il n'y a plus là de sphincter véritable; aussi constate-t-on parfois le retour de la bile dans l'estomac, fait qui occasionne des troubles digestifs sérieux.

Nous avons assez insisté sur ces inconvénients de la gastro-entérostomie; nous voulions seulement faire ressortir que, dans les cas de cancer étendu, elle ne donne pas de chances de survie beaucoup plus grande que la jéjunostomie.

En revanche cette dernière opération présente un grave inconvénient : la persistance de la fistule et l'alimentation par cette voie. Mais nous ne sommes plus ici en présence d'un anus contre nature, toujours béant, laissant continuellement échapper au dehors les résidus de la digestion, nécessitant des soins de propreté très minutieux, désagréable surtout par l'odeur nauséabonde que le malade répand autour de lui. Dans la plupart des cas, la fistule jéjunale ne laisse échapper aucun liquide : et nous voyons seulement dans deux observations (Montaz, Larkin) signaler des poussées d'érythème ou d'eczéma au voisinage de la plaie. Du reste il est facile d'obturer l'orifice : un simple tampon de ouate suffit la plupart du temps.

L'alimentation par la fistule supprime la mastication et par suite le plaisir qui pour certains individus réside dans les sensations gustatives. Mais la perte de cette sensation agréable doit être de peu de poids pour des malades habitués depuis longtemps à voir dans les divers phénomènes de la digestion des actes plutôt pénibles et toujours suivis d'une recrudescence de leurs douleurs.

La jéjunostomie est donc indiquée, à titre palliatif, dans les cas de cancer du pylore trop étendus pour permettre une opération curative.

Il est une autre indication que nous fournit une observation de Eiselsberg : c'est la coïncidence d'une tumeur du cardia et d'une tumeur du pylore. Une gastro-entérostomie, en pareille occurrence, est évidemment chose inutile. Quant à la gastrostomie elle devrait être suivie d'une opération complémentaire, abouchement de l'estomac avec l'intestin, ou excision du pylore : opérations longues et difficiles chez un malade affaibli et cachectisé. La gastrectomie elle-même serait-elle possible ? On peut en douter, le cancer du cardia empiétant toujours sur la partie inférieure de l'œsophage, et la difficulté de l'opération venant précisément du trop grand éloignement et du peu d'élasticité des parties à réunir.

L'observation d'Eiselsberg est d'ailleurs probante :

11 mois après l'opération, la malade s'alimentait presque exclusivement par la voie buccale et une tentative de sondage permit de pénétrer, sans douleurs ni hémorragie, jusque dans l'estomac. Peut-être est-il prudent de formuler quelques réserves en face d'un résultat si singulier : car il est difficile d'admettre que le seul fait de quelques mois de repos ait pu faire disparaître aussi complètement une double lésion cancéreuse.

Il est encore des rétrécissements du pylore dont la cause n'est pas une tumeur maligne : nous voulons parler des rétrécissements fibreux. Là aussi la jéjunostomie pourrait être tentée ; elle l'a été dans un cas, par Robertson, sans succès. L'auteur semble même avoir eu l'intension de faire par cette voie une dilatation rétrograde de l'orifice sténosé. La pylorectomie semble être ici l'opération de choix, puisqu'elle supprime l'obstacle et que rien ne s'oppose à son exécution.

Enfin il est une catégorie de lésions où la jéjunostomie est indiquée de préférence à toute autre opération : ce sont les ulcérations graves de l'œsophage et de l'estomac par ingestion de liquides caustiques, acide sulfurique, potasse caustique, chlorure de zinc, etc. La muqueuse est nécrosée sur une grande surface et souvent très profondément ; l'ingestion des aliments, même liquides, peut, dans ces conditions, déterminer la chute des escarres, une hémorragie mortelle, ou la perforation de la paroi amenant une communication avec la cavité péritonéale. Il faut cependant soutenir les forces du malade. La jéjunostomie assure la nutrition beaucoup mieux et beaucoup plus longtemps que ne peut le faire l'alimentation rectale. En outre, en assurant le repos physiologique complet de l'œsophage et de l'estomac, elle permet la cicatrisation lente de toutes ces lésions.

Si plus tard surviennent des rétrécissements de l'œsophage, on pourra faire leur dilatation progressive, et quand la perméabilité du tube digestif sera rétablie, il suffira d'oblitérer la fistule par un des procédés employés pour la guérison de l'anus contre nature.

Appliquée dans 4 cas de ce genre, la jéjunostomie n'a donné qu'une guérison : mais on avait attendu très longtemps avant de créer la fistule intestinale, et deux des malades sont morts d'une péritonite purulente consécutive à une perforation de l'estomac.

MANUEL OPÉRATOIRE

On peut, d'après M. Terrier (1), distinguer dans la jéjunostomie les différents temps suivants :

1° Laparatomie ;

2° Constatation des lésions : et, après avoir reconnu la nécessité de la jéjunostomie, recherche de l'anse jéjunale la plus rapprochée du duodénum ;

3° Fixation de l'anse à paroi ;

4° Fermeture de la plaie abdominale sur la plus grande partie de son étendue ;

5° Ouverture de l'intestin, si l'opération se fait en un temps. Cette ouverture est remise à quelques jours, de 4 à 6, par les chirurgiens qui pratiquent la jéjunostomie en 2 temps.

α) *Laparotomie.* — La laparotomie, faite en vue de créer une fistule jéjunale, ne diffère pas des autres laparotomies, dans ses lignes essentielles. L'incision est généralement faite entre l'ombilic et l'appendice xyphoïde et mesure en moyenne de 8 à 12 centimètres. Dans un cas, cependant,

-----

(1) Terrier. *Bulletin de la Soc. de chir.*, 1898, p. 994.

Robertson (1) a fait une laparotomie sous-ombilicale, l'estomac étant extrêmement dilaté, « pour éviter le côlon transverse ».

Golding-Bird (2) fait une incision oblique, croisant la ligne médiane de haut en bas et de gauche à droite. Dans ce cas, du reste, il se proposait de faire, si possible, une pylorectomie : et il dit ailleurs que l'incision de choix est l'incision verticale, au-dessus de l'ombilic.

Maydl (3) préfère une incision transversale, d'environ 10 centimètres, du bord latéral du muscle droit jusqu'à l'arc costal gauche, et à égale distance environ de l'ombilic et de l'appendice xyphoïde. C'est également une incision transversale que font Albert et Helferich. L'intestin est fixé dans l'angle gauche de la plaie. On a reproché à cette incision de favoriser l'éventration.

Pour la majorité des chirurgiens, l'incision médiane est l'incision de choix : c'est elle qui permet l'exploration la plus complète et la plus rapide des organes malades et si, à la suite de cette exploration, l'on constate la possibilité d'une opération plus radicale, tout est préparé pour cette intervention.

β) *Examen des organes et recherche de l'anse jéjunale.* — Lorsque le péritoine est ouvert, le chirurgien introduit sa main dans la cavité péritonéale et explore rapidement l'estomac et l'intestin. La plus ou moins grande extension de

____

(1) ROBERTSON. *British med. Journal*, 1885, I, p. 376.
(2) GOLDING-BIRD. *Clinic. Soc. Trans.*, t. 19, p. 70.
(3) MAYDL. *Mediz. Jahrb.*, 1887, II, p. 539.

la tumeur, les adhérences plus ou moins nombreuses, la présence ou l'absence de noyaux secondaires dans les organes voisins (foie, pancréas, mésentère), lui dicteront sa ligne de conduite quant à l'opération possible. En tout cas, cette exploration doit être très rapide, le malade déjà affaibli ne pouvant supporter les risques d'une longue opération.

Si l'on a commencé avec l'intention bien arrêtée de faire une jéjunostomie, il faut aussitôt chercher l'anse jéjunale sur laquelle sera créé l'orifice artificiel.

L'anse choisie doit être aussi rapprochée que possible du pylore ; la bouche sera faite au moins sur la partie moyenne du jéjunum. Terrier recommande de l'établir à 10 ou 15 centimètres, 20 centimètres au plus, de l'origine du jéjunum. Le plus haut sera le mieux : on disposera de la sorte d'une plus grande surface intestinale et pour la digestion et pour l'absorption.

Mais il est nécessaire, pour trouver cette anse située très haut, d'avoir un point de repère fixe. Ce point de repère est tout indiqué : c'est l'anse duodéno-jéjunale, le plica duodeno-jejunalis des Allemands. Voyons rapidement quelle est sa situation sur le cadavre : nous indiquerons ensuite comment on peut le trouver rapidement au cours de l'opération.

Sur le cadavre on reconnaît facilement le duodénum ainsi que la portion initiale de l'intestin grêle qui forme le jéjunum. Cette portion d'intestin est, en effet, d'un calibre plus gros : ses parois sont plus épaisses et sa coloration franchement rosée tranche d'une façon nette sur la coloration grisâtre de l'iléon.

Le jéjunum reconnaît pour limite l'artère mésentérique supérieure : il se dirige d'abord à gauche et en avant et forme au niveau de la deuxième vertèbre lombaire une anse dont la concavité est tournée à gauche. La situation de cette anse, tout contre le rachis, est constante : elle correspond au point de communication du duodénum et du jéjunum et se trouve solidement fixée par le péritoine qui passe au-devant du duodénum sans former de mésentère.

Indiquée par Socin (1), cette anse est un point de repère précieux pour rechercher la partie supérieure de l'intestin grêle et établir une fistule jéjunale. Elle est fixe et se trouve au niveau de la troisième et quatrième vertèbre lombaire. On peut la reconnaître de visu à sa coloration rosée, et par le toucher, les tissus qui la composent étant beaucoup plus épais que ceux des autres anses de l'intestin grêle.

Sur l'opéré, comment trouver le pli duodéno-jéjunal ? D'après Rockwitz (2), cette recherche serait difficile et dangereuse : d'autres auteurs déclarent au contraire qu'elle est d'une extrême facilité. Ce qui, sans doute, suscite des opinions si contradictoires, c'est que l'on se trouve en présence de cas pathologiques. Il ne s'agit plus de rapports normaux, mais d'adhérences multiples, de brides, de déplacements inusités qui mettent le chirurgien en face de difficultés imprévues. C'est ainsi que les adhérences

---

(1) Socin. Correspondenzblatt fur Schweizer Aerzte. 1884, p. 513.
(2) Rockwitz. Die gastro-enterostomie an der Strasburger chirurgischen Klinik. *Deutsche Zeitsch. f. Chir.*, Bd XXV, p. 502.

épiploïques sont très fréquentes dans les cancers de l'estomac arrivés à une période avancée (tels les cas qui sont justiciables de la jéjunostomie) : ces adhérences empêchent parfois de récliner le côlon transverse pour aller à la recherche du jéjunum. Aussi a-t-on préconisé plusieurs procédés pour faciliter cette recherche.

Surmay introduit perpendiculairement l'index entre le côlon transverse et la masse de l'intestin grêle, et, le poussant jusqu'à la colonne vertébrale, accroche une portion d'intestin grêle et l'amène au dehors ; il reconnaît que c'est le jéjunum à ce qu'il se laisse attirer par un bout et reste fixe par l'autre.

Wœlfler (1) recommande d'introduire la main droite dans l'abdomen et de chercher à reconnaître l'angle formé par le duodénum. Socin (2) opère de la même façon que Surmay. Golding-Bird (3), après avoir récliné en haut et à gauche le côlon transverse et l'épiploon, saisit l'anse qui se présente ; il la suit vers la gauche jusqu'à ce qu'il sente qu'elle est fixée au rachis en avant de l'aorte.

Jessett (4) cherche le repli péritonéal, toujours plus ou moins marqué, qui se trouve au point d'union du duodénum et du jéjunum, en avant de la colonne vertébrale. A son défaut, il prend comme guide le bord supérieur du rein gauche.

---

(1) Wœlfler. *Centralblatt für Chirurgie*, 1881, n° 45.
(2) Socin. Zur Magenchirurgie. *Corresp. Blatt. f. Aerzte.*, novembre 1884.
(3) Golding-Bird. *Loc. cit.*, p. 70.
(4) Jessett. *Loc. cit.*, p. 105.

Jaboulay (1) relève le grand épiploon par devant l'estomac ; il insinue par dessous sa main droite, va à la recherche de la troisième portion du duodénum, la suit et descend sur la première portion du jéjunum. « On suit l'anse jéjunale, la main l'attire en dehors du ventre et la fait passer en avant de l'épiploon, jusqu'à ce qu'elle soit en face de l'estomac ».

A signaler encore le procédé curieux de Nothnagel (2) qui consiste à prendre une anse au hasard et à la toucher avec un grain de sel : l'excitation locale provoquerait des mouvements antipéristaltiques indiquant le sens dans lequel il faut dévider l'intestin pour arriver au duodénum. Si l'on en croit les observations de Lucke et de Lauenstein, ce procédé serait infidèle.

Enfin Haasler a indiqué un moyen de parvenir au jéjunum, lorsque des adhérences nombreuses empêchent de récliner l'épiploon et le côlon transverse : il perfore l'épiploon gastro-colique, le méso côlon et saisit l'anse duodéno-jéjunale située à côté de la colonne vertébrale. Ce procédé, indiqué pour la gastro-entérostomie, reste évidemment applicable à la jéjunostomie.

« Le procédé le plus simple et le plus expéditif, dit A.
« Guinard (4), est de se placer à droite de l'opéré et
« d'introduire la main droite dans le ventre, après avoir

---

(1) Jaboulay. *Lyon médical*, 31 juillet 1892.

(2) Nothnagel, in Mémoire de Rockwitz. *Loc. cit.*

(3) Haasler. Ueber Gastro-enterostomie. *Langenbeck's Archives*, t. XLV, p. 201.

(4) A. Guinard, in Le Dentu et Delbet. Traité de chirurgie, t. VII, p. 445.

« soulevé l'épiploon, le côlon transverse et l'estomac : à
« gauche du mésentère, on reconnaît le rein gauche, et,
« sur la colonne vertébrale, la main saisit à ce niveau
« l'anse qui lui semble adhérente. Cette manœuvre s'exé-
« cute en quelques secondes et l'on est sûr qu'on tient
« bien la première anse jéjunale, lorsque, en exerçant des
« tractions de bas en haut, on sent qu'elle est solidement
« fixée au rachis ».

γ) *Fixation de l'anse à la paroi.* — Nous nous trouvons
ici en présence de deux classes de procédés nettement dis-
tincts. La plupart des chirurgiens font ce que M. Terrier
appelle une jéjunostomie latérale, c'est-à-dire créent une
bouche artificielle sur un des bords de l'intestin : ce sera
toujours le bord libre, bord opposé à l'insertion mésentérique, condition qui facilitera mieux la fixation et la
nutrition de l'anse intestinale saisie.

Les autres, à l'exemple de Maydl, font ce que l'on
pourrait appeler une jéjunostomie terminale ou à plein
canal : l'intestin est sectionné perpendiculairement à son
axe, et le bout inférieur ou bout distal est fixé dans la
plaie. Quant au segment supérieur il est anastomosé au
segment inférieur, à quelques centimètres au-dessous du
niveau de la section.

Jéjunostomie latérale.

Cette opération peut être pratiquée en 1 ou 2 temps.
L'intestin étant fixé à la paroi on peut l'ouvrir aussitôt et
commencer le jour même l'alimentation par la fistule. Les
chirurgiens qui opèrent en 2 temps attendent le 4e ou 5e

jour pour faire cette ouverture, voulant ainsi faciliter la formation d'adhérences entre le jéjunum et le péritoine pariétal : le malade est soutenu par des lavements nutritifs.

Procédé de Surmay (1). — C'est le premier en date et tous les autres procédés de jéjunostomie latérale ont été presque fidèlement calqués sur celui-là.

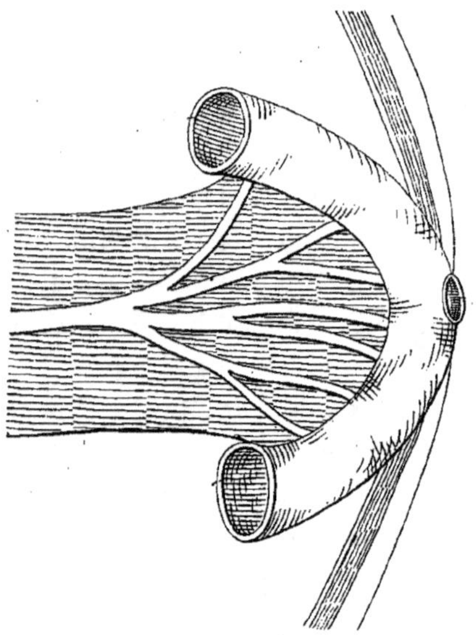

Fig. 1. — Jéjunostomie latérale. —Procédé de Surmay.

A 1 centimètre en dedans de la 4ᵉ fausse côté gauche, en comptant de bas en haut, l'opérateur fait une incision verticale de 5 à 6 centimètres ; de manière que le milieu de cette incision corresponde à l'extrémité antérieure de la

---

(1) Surmay. *Bulletin gén. de thérap.*, t. XCIV, p. 45.

4ᵉ fausse côte. L'index introduit perpendiculairement entre le côlon transverse et la masse de l'intestin grêle, jusqu'à la colonne vertébrale, attire au dehors une anse d'intestin : on reconnaît le jéjunum à ce qu'il se laisse attirer par un bout et reste fixe par l'autre. Un fil, traversant la paroi d'un côté, l'intestin et la paroi du côté opposé, maintient le jéjunum pendant la durée de l'opération. L'intestin est fixé à la plaie par trois points de suture de chaque côté : les anses de fil sont parallèles et non perpendiculaires aux lèvres de la plaie, afin d'adosser mieux les surfaces péritonéales de l'intestin et de la paroi abdominale. L'incision abdominale est alors fermée dans toute sa partie supérieure.

Le jéjunum fixé, on l'ouvre sur une longueur de 2 centimètres.

Procédé de Robertson (1). — Robertson fait une incision sous-ombilicale, d'environ 5 centimètres, pour éviter le côlon transverse. L'épiploon récliné à droite, il attire l'anse d'intestin qui se présente et la déroule de la main gauche tandis que la main droite la replace dans l'abdomen ; il arrive ainsi jusqu'à l'angle duodéno-jéjunal. Au moyen de fils de soie passés sous la couche péritonéale de l'intestin, il circonscrit un espace octogonal ayant environ 2 centimètres de diamètre : les extrémités des fils sont armés d'une aiguille que l'on fait pénétrer à travers la paroi abdominale et émerger au-dessous de la peau, lorsque

---

(1) ROBERTSON. *British med. Journal*, 1885, t. I.

l'intestin a été remis en place. Pour terminer, il ne reste plus qu'à exercer de douces tractions sur les fils et à nouer.

Le 2e *temps*, c'est-à-dire l'ouverture de l'intestin, ne put être pratiqué.

Procédé de Pearce-Gould (1). — *1er Temps*. — Incision sus-ombilicale remontant jusqu'à environ 2 centimètres de l'appendice xyphoïde. Avec l'index recourbé en crochet, on attire l'extrémité supérieure du jéjunum et on la fixe par une double rangée de fils de soie; les sutures seront placées de telle sorte que l'intestin se présente par son bord opposé à l'insertion mésentérique. « Pour ce 1er temps, dit Pearce-Gould, 20 minutes sont largement suffisantes ».

2e Temps. — On attendra, pour créer la fistule, que les adhérences entre l'intestin et la paroi abdominale soient solides, en général le 5e jour, plus tôt si le malade est trop affaibli, plus tard si ses forces le permettent. L'incision, faite suivant l'axe de l'intestin, sera juste assez grande pour admettre le bec d'une seringue.

Procédé de Golding-Bird (2). — Golding-Bird commence par un lavage de l'estomac fait peu de temps avant l'opération : anesthésie au chlorure de méthyle.

1° Incision d'environ 12 centimètres croisant la ligne médiane de haut en bas et de gauche à droite au-dessus

---

(1) PEARCE-GOULD. *The Lancet*, 1885, II, p. 1092.
(2) GOLDING-BIRD. *Clinical Society's Transact.*, t. XIX, p. 70.

de l'ombilic ; le ligament suspenseur du foie est sectiénné entre deux ligatures. Le côlon transverse et le grand épiploon réclinés en haut et à gauche, on attire l'anse intestinale qui se présente. Lorsqu'on a reconnu la partie supérieure du jéjunum, on la saisit, suivant son axe, avec une pince à langue mousse, dont les mors ont environ 2 centimètres d'écartement, et on la fixe à l'angle inférieur et droit de la plaie par une rangée de sutures interrompues. Quand on desserre la pince, l'intestin se trouve au même niveau que la peau.

2° Le 3e jour, ouverture de l'intestin suivant son axe et entre les sutures ; on passe une sonde n° 12 dans la direction de l'iléon. Le 6e jour une sonde est également passée dans la direction du duodénum.

Golding-Bird ajoute que, s'il devait faire une nouvelle jéjunostomie, il ferait « au-dessus de l'ombilic une incision verticale, à la partie inférieure de laquelle serait fixé l'intestin. Pour éviter tout accident, un fil d'argent fin serait passé dans chacune des lèvres de la plaie intestinale pour servir à la fois de guide et de soutien pendant l'introduction de la sonde ».

Procédé de Hahn (1). — C'est à peu de chose près le procédé de Surmay.

1° Incision sus-ombilicale médiane, assez longue pour permettre l'exploration des organes ; on cherche l'anse la plus élevée du jéjunum, à gauche de la colonne verté-

---

(1) Hahn. *Deutsche medic. Wochens.*, 1894, n° 27.

brale, tout près du pancréas. La plaie abdominale est fermée, sauf sur une étendue d'environ un mark. Suture du péritoine pariétal à la peau, « sans doute, dit M. Terrier, pour obtenir des adhérences plus étendues et plus solides ». Le jéjunum est ensuite fixé dans la plaie par de nombreuses sutures à la soie, qui traversent la séreuse intestinale d'une part, de l'autre la paroi recouverte de la séreuse pariétale.

2° Ouverture du jéjunum au bout de quelques jours, suivant l'état du malade.

Montaz (1), de Grenoble, qui a fait en France la 2ᵉ jéjunostomie, emploie lui aussi un procédé analogue à celui de Surmay, dont il ignore cependant les travaux ; mais il emploie le procédé de sutures préconisé par M. Terrier pour la gastrostomie. Il réunit d'abord les tuniques externes de l'intestin à la paroi péritonéo-musculo-aponévrotique ; puis, après ouverture du jéjunum, il fixe la muqueuse à la peau pour empêcher l'oblitération de la fistule.

Dans les deux cas où il a fait une jéjunostomie, M. Peyrot (2) pratique la laparotomie médiane. Le jéjunum saisi à 25 ou 30 centimètres de son origine est fixé à la paroi par 7 ou 8 points séro-séreux, en maintenant au dehors une petite portion ampullaire. Suture des muscles de la paroi à la soie. La partie ampullaire ponctionnée au bistouri, on introduit une sonde n° 12 sur une lon-

---

(1) Montaz. *Dauphiné médical*, 1894, p. 94.
(2) Peyrot, in *Thèse*, Verdin. Paris, 1898.

gueur d'environ 15 centimètres et on la fixe à la peau par un crin de Florence. Suture de la peau au crin de Florence.

Procédé de Terrier (1). — Voici comment M. le Pʳ Terrier décrit sa façon de procéder :

« Laparotomie médiane, sus-ombilicale. Le grand épiploon est relevé ainsi que le côlon transverse, et M. Terrier va à la recherche, le long du flanc gauche de la colonne vertébrale, de l'origine du jéjunum. Il choisit, pour placer la bouche intestinale, un point distant de 18 centimètres de l'angle duodéno-jéjunal. Ce point est attiré au niveau des lèvres de la plaie et le jéjunum disposé transversalement; il est suturé au péritoine pariétal par une collerette de fils de soie. Puis la paroi est complètement refermée, sauf au niveau du point où sera faite la bouche intestinale. L'ouverture cutanée mesure à peine un demi-centimètre de diamètre.

« Deux fils suspenseurs non perforants ont été placés sur le jéjunum, à droite et à gauche du point qui doit être ouvert, et ensuite ils sont ramenés au dehors.

« Le 15ᵉ jour, ouverture de l'intestin au thermocautère ».

C'est le procédé de Surmay, mais réglementé dans tous ses détails. L'opéré de M. Terrier mourut le 40ᵉ jour après la laparatomie, le 25ᵉ après l'ouverture du jéjunum.

Dans la 3ᵉ édition de sa Chirurgie abdominale, Greig-

____

(1) Terrier. *Bulletin de la Soc. de chir.*, 1898, p. 986.

Smith (1) a proposé une nouvelle suture pour la gastrostomie et la jéjunostomie ; elle a été employée dans un cas
par Mayo Robson (2) qui l'estime très sûre. Nous la dé-
crirons, non pas qu'elle soit irréprochable, mais parce
qu'elle diffère notablement des sutures généralement em-
ployées et qu'elle se rapproche un peu de la méthode de
Jessett que nous signalerons plus loin.

Procédé de Greig-Smith. — Avec une aiguille courbe
chargée de 3o à 4o centimètres de soie de moyenne
grosseur, on fait une suture continue formant un cercle
d'environ 3 centimètres de diamètre ; la suture passe sous
la couche péritonéale et prend autant que possible un peu
de la couche musculaire. En six points différents de ce
cercle, on la fait émerger, formant de la sorte, à la surface de l'intestin, six anses d'environ 4 centimètres de
longueur.

Aux endroits correspondants sur la peau, à environ
1 centimètre des bords de la plaie, une aiguille à man-
che, portant un crochet au lieu de chas, est enfoncée à
travers toutes les couches de la paroi abdominale, saisit
les anses et les amène à la surface l'une après l'autre. On
passe ensuite à travers ces anses un bout de drain ou de
sonde. En tirant sur les 2 extrémités libres du fil, on
serre modérément les anses sur le drain.

Deux anses de fil d'argent, non perforantes, servent

---

(1) Greig-Smith. *Abdominal Surgery*. London, 1889.
(2) Mayo Robson. *British med. Journal*, 1891, II.

à marquer le point où sera ouvert le jéjunum; leurs extrémités, recourbées sur le drain, maintiennent l'intestin
bien exposé dans la plaie abdominale, et permettent de
le manipuler tout en respectant la fixité des sutures à la
soie.

Procédé de Jessett (1). — C'est encore une jéjunostomie latérale en 2 temps.

1ᵉʳ Temps. — Incision d'environ 5 centimètres sur la
ligne blanche, entre l'ombilic et l'appendice xyphoïde.
Le grand épiploon et le côlon transverse réclinés, cher-

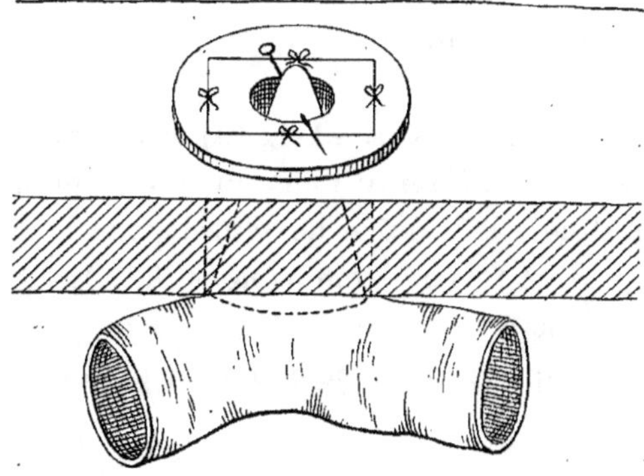

Fig. 2. — Procédé de Jessett. — Applications des plaques de Senn à la jéjunostomie.

cher l'extrémité supérieure du jéjunum. L'intestin est
fixé par des sutures au crin de Florence passant à travers
les couches séreuse et musculaire, sans entamer la muqueuse, et disposées de la façon suivante. Deux crins

(1) Jessett. *British med. Journal*, 1892, I, p. 119.

sont d'abord passés, suivant l'axe de l'intestin, sur une longueur de 3 centimètres, parallèles l'un à l'autre, et distants d'environ 2 centimètres. Aux points d'émergence de ces deux fils, deux autres sont passés perpendiculairement à l'axe de l'intestin. Ces sutures traversent la paroi abdominale à 1 centimètre de chaque lèvre de l'incision et sont fixées sur une plaque d'os décalcifié (1). Le jéjunum est alors attiré dans l'ouverture centrale de la plaque d'os et on l'y maintient par transfixion au moyen d'une épingle à bec de lièvre.

2ᵉ *Temps*. — Le 3ᵉ jour, ouverture de l'intestin en sectionnant sur l'épingle, et introduction d'une sonde en gomme laissée à demeure.

Procédés de von Eiselsberg (2) ***et Karewski*** (3). — Ces deux auteurs, à l'insu l'un de l'autre, ont appliqué à la jéjunostomie le procédé de Witzel pour la gastrostomie ; la priorité revient, comme nous l'avons dit ailleurs, à von Eiselsberg.

L'anse supérieure du jéjunum est fixée dans une di-

---

(1) On sait comment sont préparées les plaques de Senn. Dans la substance compacte d'un fémur ou d'un tibia de bœuf, à l'état frais, on découpe des rondelles ayant un demi-centimètre d'épaisseur et 6 à 8 centimètres de diamètre ; on les plonge ensuite dans une solution d'acide chlorhydrique à 1/10. La décalcification terminée, ce qui demande environ 3 à 5 semaines, l'acide chlorhydrique en excès est neutralisé au moyen d'une solution faible de potasse caustique. Senn dessèche les rondelles avec du papier buvard, les presse les unes sur les autres, découpe une ouverture centrale et enfin les perfore de quatre trous pour le passage des sutures.

(2) Freiher von Eiselsberg. *Arch. für clin. Chir.*, t. L, p. 932.

(3) Karewski. *Berliner klin. Wochens.*, 1896, p. 1112.

rection sagittale pour permettre aux mouvements péristaltiques de l'intestin de se faire de haut en bas. On fait
à cette anse un pli longitudinal et l'on accole les deux
lèvres de la gouttière ainsi formée par des sutures intéressant la séreuse et la musculeuse. Une ouverture est

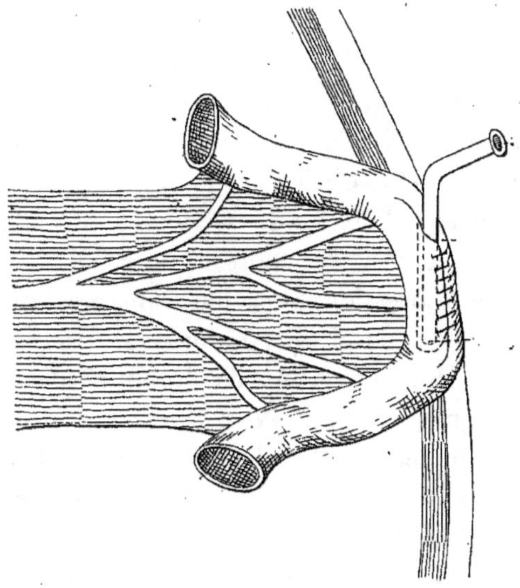

Fig. 3. — Procédé de von Eiselsberg et Karewski.
Application de la méthode Witzel.

pratiquée à la partie inférieure de ce canal, et par là
Eiselsberg introduit une sonde de Nélaton, Karewski une
sonde en argent. La fistule est enfin suturée à la plaie
abdominale et l'on ferme la partie supérieure de l'incision.

Premier procédé de Maydl(1). — Ce mode opératoire, indiqué par Maydl en 1887, se distingue surtout par l'incision transversale de la paroi, incision à laquelle plusieurs auteurs ont reproché de favoriser l'éventration.

1° *Incision transversale*, du bord latéral du muscle droit jusqu'à l'arc costal gauche, intéressant la peau, les muscles et le péritoine. Le côlon transverse est récliné en haut ainsi que l'épiploon, tandis que l'intestin grêle est repoussé en bas. Après avoir reconnu l'origine du jéjunum, l'opérateur choisit un point situé 20 centimètres plus bas environ et fixe à la paroi, par 18 sutures à la soie fine, une portion d'intestin de l'étendue d'un kreutzer. La situation de l'incision en dehors du bord épiploïque gauche empêche la pression du côlon transverse sur le jéjunum ; suture de la paroi sans drainage.

2° Le 6° jour, ouverture de l'intestin avec la fine pointe du thermocautère. Pour empêcher l'écoulement des liquides en dehors, Maydl propose un appareil en T dont une branche serait dirigée vers le duodénum, l'autre vers l'iléon : cette dernière porte un petit ballon qui, en se dilatant, empêche la régurgitation des liquides. Cet appareil semble un peu complexe ; du reste, chez ses opérés, Maydl se contente de fermer la fistule avec un simple tampon de ouate.

Si l'état du malade l'exige, l'intestin est ouvert le jour de l'opération, après badigeonnage de la plaie au collodion iodoformé ; un petit drain empêche le prolapsus de la muqueuse intestinale.

---

(1) Maydl. *Medizinische Jahrbucher*. Wien, 1887, II, p. 539.

Procédé de Albert (1). — Quoiqu'il n'interrompe pas la continuité de l'intestin et que la bouche jéjunale n'occupe que le bord libre de l'anse choisie, le *modus faciendi* du Pr Albert se rapproche plus du second procédé de Maydl, décrit plus loin, que de la jéjunostomie latérale de Surmay.

1° *Incision transversale d'après les indications de*

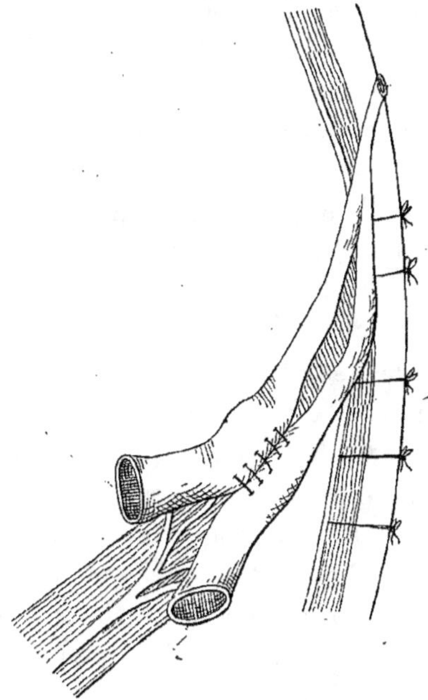

Fig. 4. — Procédé de Albert (d'après Karewski).

Maydl. — Après avoir attiré au dehors la première anse jéjunale et avoir réuni par une anastomose les 2 extrémités

____

(1) ALBERT. *Wiener mediz. Wochens.*, 1894, p. 57.

de cette anse, l'opérateur ferme en partie l'incision abdominale. A 4 centimètres plus haut, c'est-à-dire vers l'appendice xyphoïde, il fait une nouvelle incision cutanée
longue de 2 centimètres et parallèle à la première. La
bande de peau ainsi limitée est décollée de façon à former
un pont. Sous ce pont il fait passer l'anse jéjunale de telle
sorte que sa convexité vienne apparaître dans la 2ᵉ incision,
et il la fixe par quelques points de suture. Fermeture
définitive de la 1ʳᵉ incision abdominale laissant libre le
trajet de l'intestin à travers le péritoine et les muscles.

2° Le 4ᵉ jour, ouverture du jéjunum au thermocautère.

Les figures 4 et 5, empruntées à Karewski, montrent
bien la ressemblance qui existe entre ce procédé et le
suivant, ce dernier antérieur en date.

Jéjunostomie terminale.

Deuxième procédé de Maydl (1). — C'est le type de
cette nouvelle classe d'opérations. Helferich et Maylard,
sauf quelques modifications de détail, ont imité le procédé
de Maydl. Voulant permettre le libre cours des sécrétions
biliaire et pancréatique et empêcher leur issue au dehors
ainsi que la régurgitation des liquides alimentaires, régurgitation que favorise la situation trop superficielle de la
fistule, Maydl reporte dans la cavité péritonéale l'orifice
d'entrée du circuit intestinal : la véritable bouche jéjunale se trouve au niveau de l'anastomose jéjuno-jéjunale
qu'il pratique, et la portion d'intestin qui vient s'ouvrir à
la paroi ne joue pas un autre rôle que celui d'un

---

(1) Maydl. *Wiener mediz. Wochens.*, 1892, p. 697.

œsophage abdominal. Maydl procède de la façon suivante.

L'incision est, comme dans son premier procédé, transversale, à égale distance de l'ombilic et de l'appendice xyphoïde. A un centimètre de l'angle duodéno-jéjunal, Maydl choisit une portion d'intestin dont il exprime le contenu: il l'isole ensuite du reste de l'intestin par 2 bandes

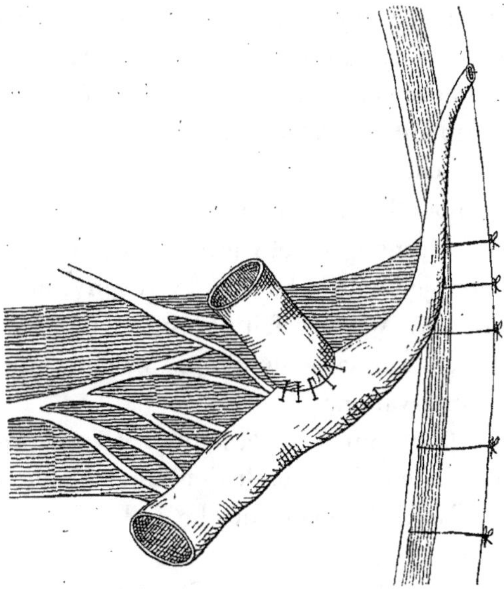

Fig. 5. — Jéjunostomie terminale. — 2ᵉ procédé de Maydl (d'après Karewski).

de gaze iodoformée passant à travers le mésentère. Section entre ces deux bandes.

Le bout proximal, attenant au duodénum, est fixé au bout distal par une anastomose latérale, à plusieurs centimètres en aval du point de section. L'anastomose comprend environ la moitié de la périphérie de l'intestin : on suture d'abord les muqueuses ensemble, puis les autres couches. Ceci fait, l'intestin anastomosé est replacé dans la cavité péritonéale.

Quant au segment qui se trouve ainsi exclu du circuit intestinal, on le fixe dans l'angle gauche de la plaie, en le faisant saillir au dehors autant que possible. Dans chaque quart du plan de section, une suture en bourse comprenant la séreuse intestinale et la paroi, rétrécit l'orifice. Pour plus de sûreté, une épingle de nourrice maintient l'intestin. Pansement à la gaze iodoformée par dessous l'épingle, isolant complètement l'orifice jéjunal de la plaie abdominale.

Maydl, nous l'avons dit, a été imité par Helferich (1) et Maylard (2) : mais l'un et l'autre emploient pour l'anastomose jéjuno-jéjunale le bouton de Murphy, procédé plus rapide. En outre Maylard fait une incision verticale médiane ; c'est du moins ce qu'indique le schéma qui accompagne son observation.

Ce procédé a contre lui la lenteur de son exécution : par ailleurs, il semble répondre à toutes les indications de l'opération. Entre les mains de Maydl il a donné 2 succès sur 2 cas.

δ) *Fermeture de la plaie.* — Comme après toute laparotomie, le péritoine est fermé par une suture en surjet à la soie, la paroi abdominale par plusieurs plans de suture superposés. On ne laisse subsister qu'une ouverture suffisante pour permettre le passage de l'instrument (sonde ou

---

(1) HELFERICH in BORCHER. *Thèse.* Greifswald, 1896.
(2) MAYLARD. *The Lancet,* 1897, II, p. 1454.

seringue) destiné à l'injection des liquides alimentaires.

Le pansement varie suivant la méthode adoptée par chaque chirurgien : il est bon de faire une compression modérée et, pendant quelques jours, de laisser le malade dans une immobilité absolue.

ε) *Ouverture de l'intestin*. — Cette ouverture doit être aussi petite que possible : c'est le meilleur moyen d'empêcher l'écoulement des liquides au dehors. L'incision est faite avec un bistouri étroit, un ténotome (Robson), suivant l'axe de l'intestin, et à égale distance des sutures qui le fixent. Jessett, Larkin, opérant avec des plaques de Senn, sectionnent la partie d'anse intestinale transfixée sur l'épingle à bec de lièvre. M. Terrier et les auteurs allemands emploient de préférence la fine pointe du thermocautère.

Par cet orifice, on introduit généralement une sonde qui servira à l'injection des liquides. M. Terrier n'est point partisan de la sonde à demeure qui, dit-il, « dilate fatalement le trajet fistuleux ». Il semble cependant que ce soit le meilleur moyen de prévenir des accidents comme celui que signale Golding-Bird (décollement des adhérences par un sondage mal exécuté : péritonite consécutive et mort en 12 heures).

SOINS CONSÉCUTIFS

C'est de là surtout que dépend le succès de l'intervention, peu grave en tant que manuel opératoire. Aussitôt
l'opération terminée, le malade sera replacé sur son lit et
on prendra soin de le maintenir bien chaud. Pour com-
battre le shock, si fréquent dans les interventions abdominales, on pourra utiliser les divers stimulants
diffusibles, injections d'éther, de caféine, d'huile cam-
phrée, etc.

Puis se posera la grave question de l'alimentation.
Les chirurgiens qui ne créent pas la fistule aussitôt après
l'opération, alimentent leurs malades au moyen de lavements nutritifs composés le plus généralement de lait, de
jus de viande ou de thé-bœuf peptonisés, d'œufs et aussi
d'alcool. D'autres (1) introduisent dans le rectum des
suppositoires nutritifs, lorsque le malade ne peut conserver les lavements. Golding-Bird administrait même par la
bouche de petites quantités de koumis et d'eau-de-vie :
cette façon de procéder nous semble plutôt dangereuse en

---

(1) Lee et Pearce-Gould. *Loc. cit.*

ce qu'elle peut provoquer des vomissements et, par suite, expose à la rupture des sutures intestinales.

La fistule établie, de quels éléments se composera le régime du malade? Les liquides formeront évidemment la base de l'alimentation. Plus faciles à introduire, ils sont aussi plus rapidement digérés et absorbés, et, donnant moins de résidus, ils permettent de diminuer l'intervalle des repas ; en outre, ils n'ont pas besoin d'être triturés et mélangés comme les solides, fonction qui dans la digestion normale est dévolue à l'estomac. La plupart du temps on donne du lait, des œufs battus, du beef-tea, du jus de viande, le tout peptonisé pour suppléer autant que possible à l'absence du suc gastrique. Pearce-Gould veut que les aliments présentent une réaction franchement acide, probablement pour réaliser les conditions que présente le chyme. D'autre part, Schlatter (1) chez la malade dont il a enlevé l'estomac, ayant tenté de mélanger un peu d'acide chlorhydrique aux aliments, a remarqué que leur digestion n'était pas plus rapide , ce qu'il attribue à la neutralisation immédiate de l'acide chlorhydrique par le suc pancréatique alcalin.

Au bout de quelques jours, on pourra donner des aliments demi-solides : viande hachée, bouillie de gruau, purées. Quant à faire mâcher les aliments par le malade avant de les introduire dans l'intestin, ce procédé nous semble peu pratique ; on utilise, il est vrai, l'action de

---

(1) Schlatter. *Beitrag zur klin. Chir.* Tubingen, 1897.

la salive sur les matières amylacées, mais l'on sait com-
bien est faible ce pouvoir.

De quelle quantité d'aliments doit se composer chaque
repas ? Peu, mais souvent : telle est la règle de conduite.
Golding-Bird a remarqué que lorsque la quantité de liquide dépassait 300 grammes, le malade avait invariable-
ment une indigestion avec pâleur, faiblesse, tendance à la
syncope, le tout se terminant par des sueurs profuses, et
durant une dizaine de minutes. M. Guinard (1), dans un
cas d'anus contre nature jéjunal, a observé le reflux du
liquide, au delà d'une quantité limitée. Il compare le
fonctionnement des segments successifs de l'intestin au
block-system qui règle la circulation sur les voies ferrées.
M. Terrier a observé le même phénomène. Aussi sommes-
nous très surpris de voir Helferich injecter d'un seul
coup, le jour même de l'intervention, 1 litre de liquide,
et le lendemain en introduire de nouveau 2 litres : la malade, il est vrai, succombait le surlendemain.

Les liquides devront autant que possible être à la température du corps. L'estomac, qui sert de réservoir alimentaire, est aussi chargé d'unifier la température de la
masse alimentaire introduite à chaque repas. C'est pour
avoir négligé cette précaution que plusieurs malades ont
eu des crises de diarrhée avec météorisme et coliques.

Nous citerons, comme exemple, le régime donné par
Golding-Bird à son opéré, régime qui était très bien supporté.

---

(1) Guinard. *Bulletin de la Soc. de chir.*, 1898, p. 997.

8 *heures du matin*. — Farine de froment, 2 cuillerées
à thé ; lait bouilli, 280 gram-
mes ; *un œuf*.

10 *heures du matin*. — Thé-bœuf, 280 grammes bouilli
avec 2 cuillerées à thé de fa-
rine de pois.

12 *heures du matin*. — Soupe au lait, 150 grammes ;
thé-bœuf, 150 grammes. On
prépare la soupe au lait en
faisant bouillir 300 grammes
de pain dans un demi-litre
de lait et passant au tamis.

3 *heures du soir*. — Même repas qu'à 8 heures du
matin.

5 *heures du soir*. — Même repas qu'à 10 heures.

9 *heures du soir*. — Même repas qu'à 12 heures.

S'il est nécessaire, on répète encore à 11 heures du
soir le repas de midi.

RÉSULTATS

Dresser une statistique de succès et d'insuccès, exprimer par un chiffre le coefficient de mortalité, est chose assez délicate pour une opération telle que la jéjunostomie. Pratiquée en général sur des malades arrivés à une période de cachexie avancée, presque moribonds, chez lesquels toute autre intervention paraît impossible, il semble, *a priori*, qu'elle ne puisse donner que de médiocres résultats.

Dans son travail publié en 1896, Karewski (1) relate 12 cas. Sur ces 12 opérés, 6 ont survécu plus de 10 jours : c'est donc une mortalité de 50 pour 100. Mais les recherches de Karewski étaient incomplètes.

Verdin (2) publie 17 observations : et, sans vouloir préciser davantage, il se borne à constater que « les résultats de la jéjunostomie sont plutôt négatifs ».

Nous avons pu recueillir 31 observations de jéjunostomie, tant en France qu'à l'étranger ; nous pourrions

---

(1) KAREWSKI. *Berliner klin. Wochens.*, 1896.
(2) VERDIN. *Thèse*, Paris, 1898.

encore y ajouter une opération de Ogston, signalée par Greig-Smith (1) comme très heureuse et une de Scott (2) sur laquelle nous ne possédons pas de détails.

Si nous adoptons la base prise par Karewski, nous trouvons que 11 opérés ont survécu dix jours ou moins de dix jours, donnant ainsi une mortalité brute de 35 pour 100. Sur ces 11 cas, 2 seulement sont morts dans les 24 heures, probablement par suite du skock opératoire.

Il reste donc 21 opérés, soit 65 pour 100, ayant survécu plus de dix jours, c'est-à-dire dont la mort ne peut guère être imputée à l'opération. De ce nombre, 6 sont morts moins d'un mois après l'intervention chirurgicale. Chez 5 malades, on a obtenu une guérison complète. Enfin, pour les autres, la durée de la survie a varié entre 2 et 7 mois.

Si nous considérons maintenant quelles ont été les causes de la mort, nous trouvons la pneumonie dans un cas de Albert : deux fois une perforation de l'estomac avec péritonite suppurée consécutive (ces deux malades avaient absorbé l'une de l'acide sulfurique, l'autre une solution de chlorure de zinc à 5 pour 100). Un malade d'Eiselsberg meurt de péritonite localisée autour de l'anse jéjunale ouverte ; chez le malade de Surmay, on croit également trouver des traces de péritonite.

Dans deux circonstances seulement, la mort peut être

---

(1) GREIG-SMITH. *Abdominal Surgery*, p. 361.

(2) SCOTT. Gastro-enterostomy, jejunostomy and jejunorraphy on the same case. *Cleveland med. Journ.*, 1897, t. II.

attribuée avec certitude à une faute opératoire ou post-opératoire. Dans un cas, Hahn établit la bouche jéjunale beaucoup trop bas, 3ᵐ,5o de l'estomac, si bien que le malade meurt d'inanition au bout de 4 jours. Quant à l'opéré de Golding-Bird, la personne chargée de l'alimentation, en voulant faire une exploration intempestive avec un stylet, décolle les adhérences de l'intestin à la paroi : d'où communication avec le péritoine, passage des matières alimentaires dans la cavité péritonéale et mort par péritonite en 12 heures.

Enfin Pearce-Gould, Helferich et Hahn attribuent, dans 3 cas, la mort à l'affaiblissement graduel du patient. L'opération trop tardive n'a pas permis de relever les forces d'un malade dont l'organisme était déjà mortellement frappé.

Le plus souvent, les malades ont succombé plus ou moins rapidement par suite des progrès de leur maladie. L'opération a-t-elle eu une influence quelconque sur la marche du cancer ? On ne saurait le dire avec certitude : du moins, elle n'aurait pu que la retarder en supprimant l'irritation produite par les aliments sur la tumeur stomacale.

Eiselsberg signale même, dans un cas où une tumeur du cardia coïncidait avec une tumeur du pylore, la disparition de ces 2 obstacles, après 11 mois d'alimentation par la fistule, au point de rendre possibles et les sondages de l'estomac et l'alimentation par la voie buccale. Peut-être ne doit-on accepter que sous réserves cette cure vraiment singulière !

Dans les cas d'ulcérations œsophagiennes et stomacales par caustiques, où la jéjunostomie eût pu donner les meilleurs résultats, nous ne pouvons enregistrer qu'une guérison (Hahn). Les 3 autres opérés meurent l'un de shock au bout de quelques heures : deux le 9ᵉ jour, de péritonite consécutive à une perforation de l'estomac.

Il reste néanmoins que, dans les 2/3 des cas environ, la jéjunostomie a procuré aux patients, outre la disparition de leurs douleurs, une survie que leur état de cachexie avancé ne permettait pas d'espérer sans intervention.

ANNÉES	OPÉRATEURS ET INDICATIONS bibliographiques	OPÉRÉS	AGE	NATURE de LA MALADIE	PROCÉDÉ OPÉRATOIRE employé	DURÉE de L'OPÉRATION	RÉSULTATS IMMÉDIATS	RÉSULTATS ÉLOIGNÉS
1878	SURMAY (*Bulletin général de thérapeutique*, 1878, t. 95.)	Femme.	26	Néoplasme du pylore avec oblitération complète de la communication duodéno-stomacale.	Procédé de Surmay.	1ʰ15	Mort 30 heures après l'opération.	»
1883	ROBERTSON (*British medical Journal*, 1885, t. 1ᵉʳ.)	Homme.	47	Sténose fibreuse du pylore.	Procédé de Robertson.	»	Mort 8 heures après l'opération.	»
1885	LEE et PEARCE-GOULD (*The Lancet*, 1885, t. II.)	Homme.	33	Cancer du pylore et du duodénum.	Procédé de Pearce-Gould.	20ᵐ	Mort 66 heures après l'opération.	»
1885	GOLDING-BIRD (*Clinical Society's transactions*, t. XIX.)	Homme.	46	Cancer du pylore avec adhérence à la face inférieure du foie.	Procédé de Golding-Bird.	»	Mort le 9ᵉ jour après l'opération.	»
1887	MAYDL (*Medizinische Jahrbucher Wien*, 1887, t. II.)	Homme.	53	Cancer du pylore non mobilisable avec propagation aux ganglions lymphatiques.	1ᵉʳ procédé de Maydl.	»	Guérison opératoire.	Mort 7 semaines après l'opération.
1887	MAYDL (*Medizinische Jahrbucher Wien*, 1887, t. II.)	Homme.	40	Cancer de la grande courbure de l'estomac et du pylore.	1ᵉʳ procédé de Maydl.	»	Mort dans la nuit du 8ᵉ au 9ᵉ jour.	»
1887	HAHN (*Deutsche medicinische Wochenschrift*, 1894.)	Homme.	69	Rétrécissement de l'œsophage. Cancer de l'estomac et du foie.	Procédé de Hahn.	»	Mort 13 jours après l'opération.	»
1888	PEYROT (*Thèse*, de VERDIN, 1898.)	Homme.	60	Carcinome volumineux de l'estomac et du foie.	Procédé de Peyrot.	»	Mort 4 jours après l'opération à la suite d'accidents hépatiques.	»
1888	ALBERT (*Arbeit. und Jahresb. der Chir. univ. Klin. Wien*, 1889.)	Homme.	42	Cancer primitif de l'estomac : cancer secondaire du cœur, du rein, des ganglions mésentér. et du hile du foie.	Procédé d'Albert.	»	»	Mort au bout de 4 semaines : début de péritonite.
1888	ALBERT (*Arbeit. und Jahresb. der Chir. univ. Klin. Wien*, 1889.)	Homme.	42	Cancer du pylore ayant envahi le pancréas et le duodénum.	Procédé d'Albert.	»	Mort 6 jours après l'opération par pneumonie.	»
1889	HAHN (*Deutsche medicinische Wochenschrift*, 1891.)	Femme.	30	Cancer de l'estomac inopérable.	Procédé de Hahn.	»	Guérison opératoire : la fistule se ferme 2 mois après l'opération.	Quitte l'hôpital très améliorée 2 mois et demi après l'opération, s'alimentant par la voie buccale.
1891	MAYDL (*Wiener medicin. Wochenschrift*, 1892, t. XLII.)	Femme.	40	Cancer du pylore. Soudure de l'estomac au côlon transverse.	2ᵉ procédé de Maydl.	»	Guérison opératoire.	Variole 1 mois après l'opération : guérison. Quitte l'hôpital avec notable amélioration.

ANNÉES	OPÉRATEURS ET INDICATIONS bibliographiques	OPÉRÉS	AGE	NATURE de LA MALADIE	PROCÉDÉ OPÉRATOIRE employé	DURÉE de l'opération	RÉSULTATS IMMÉDIATS	RÉSULTATS ÉLOIGNÉS
1891	JESSETT (*Clinical Society's Transactions,* t. XXV.)	Homme.	45	Cancer de l'estomac.	Procédé de Jessett.	»	Guérison opératoire. Quitte l'hôpital 1 mois après.	Mort 7 mois après l'opération.
1891	MAYO-ROBSON (*Medico-chirurgical Transactions,* t. LXXV.)	Femme.	58	Cancer de l'estomac très étendu.	Procédé de Greig–Smith.	»	Guérison opératoire.	Mort 2 mois après l'opération.
1891	JESSETT (*Clinical Society's Transactions,* t. XXV.)	Homme.	59	Cancer du cardia et de la paroi antér. de l'estomac.	Procédé de Jessett.	»	Guérison opératoire.	Mort 6 semaines après l'opération.
1891	LARKIN (*The Lancet,* 1891, t. II.)	Femme.	47	Sténose du pylore due à un cancer très étendu de l'estomac. Gastro-entérostomie faite 2 mois 1/2 auparavant.	Procédé de Jessett.	»	Guérison opératoire. Quitte l'hôpital 1 mois après.	»
1891	HAHN (*Deutsche medicinische Wochenschrift,* 1894.)	Homme.	56	Rétrécissement cancéreux de l'œsophage.	Procédé de Hahn.	»	Mort par inanition 4 jours après. (La fistule se trouvait à 3ᵐ,50 de l'estomac.)	»
1891	HAHN (*Deutsche medicinische Wochenschrift,* 1894.)	Femme	19	Rétrécissement de l'œsophage par caustique.	Procédé de Hahn.	»	Guérison opératoire: la malade est alimentée par la fistule pendant 1 mois.	2 mois après, la fistule est complètement fermée et la malade quitte l'hôpital complètement guérie.
1891	MAYDL (*Wiener medicinische Wochenschrift,* 1892.)	Femme.	40	Cancer du pylore.	2ᵉ procédé de Maydl.	»	Guérison opératoire.	La malade continue à s'alimenter par la fistule.
1893	ALBERT (*Wiener medicinische Wochenschrift,* 1894.)	Femme.	23	Cancer du pylore.	Procédé d'Albert.	»	Guérison opératoire.	Mort 8 semaines après l'opération.
1893	ALBERT (*Wiener medicinische Wochenschrift,* 1891.)	Homme.	20	Ulcération de l'œsophage et de l'estomac par absorption de potasse.	Procédé d'Albert.	»	Mort quelques heures après l'opération.	»
1893	HAHN (*Deutsche medicin. Wochenschrift,* 1891.)	Femme.	23	Rétrécissement de l'œsophage consécutif à l'action de SoᴴII².	Procédé de Hahn.	»	Mort 9 jours après l'opération. Péritonite purulente par perforation de l'estomac.	»
1894	MONTAZ (*Dauphiné médical,* 1894.)	Homme.	»	Cancer du cardia.	Procédé de Surmay : Sutures du professeur Terrier pour la gastrostomie.	»	Guérison opératoire.	« Le malade a succombé beaucoup plus tard des suites de sa maladie ». (Montaz.)
1894	VON EISELSBERG (*Archiv für klinische Chirurgie,* t. L.)	Femme.	38	Carcinome étendu du pylore.	Procédé de Witzel.	»	Mort par cachexie, 14 jours après l'opération.	»

ANNÉES	OPÉRATEURS ET INDICATIONS bibliographiques	OPÉRÉS	AGE	NATURE de LA MALADIE	PROCÉDÉ OPÉRATOIRE employé	DURÉE de L'OPÉRATION	RÉSULTATS IMMÉDIATS	RÉSULTATS ÉLOIGNÉS
1894	VON EISELSBERG (*Archiv fur Klinische Chirurgie*, t. L.)	Homme.	42	Sténose pylorique d'origine cancéreuse.	Procédé de Witzel.	»	Guérison opératoire.	Mort par cachexie 5 semaines après l'opération.
1894	VON EISELSBERG (*Archiv fur Klinische Chirurgie*, t. L.)	Femme.	60	Cancer du cardia et du pylore.	Procédé de Witzel.	»	Guérison parfaite sans aucun écoulement par la fistule.	Revue 11 mois après, la malade a augmenté de 30 kilogs. Rétablissement de la perméabilité de l'œsophage. La malade se nourrit presque exclusivement par la voie buccale.
1894	HELFERICH (BORCHER, *Thèse*, de GREIFSWALD, 1896.)	Homme.	50	Carcinome de l'estomac.	2ᵉ procédé de Maydl.	»	Mort 4 jours après l'opération.	»
1895	KAREWSKI (*Berliner Klinische Wochenschrift*, 1896.)	Femme.	35	Ulcérations de l'estomac par absorption de $ZnCl^2$.	Procédé de Witzel.	»	Mort 9 jours après l'opération. Pneumonie double et péritonite suppurée par rupture de l'estomac.	»
1896	PEYROT (*Thèse*, de VERDIN, Paris, 1898.)	Homme.	50	Cancer de l'œsophage siégeant au niveau de la bifurcation de la trachée. Cancer du pancréas avec adhérences stomacales.	Procédé de Peyrot.	»	Mort 13 jours après l'opération.	»
1897	MAYLARD (*The Lancet*, 1897, t. II.)	Homme.	50	Carcinome colloïde occupant presque toute la paroi stomacale.	2ᵉ procédé de Maydl.	1ʰ10	Guérison opératoire.	Mort au bout de 3 semaines.
1898	TERRIER (*Bulletin de la Société de Chirurgie*, 1898, n° 32.)	Homme.	53	Cancer de l'estomac avec adhérences profondes.	Procédé de Terrier.	»	Guérison opératoire.	Mort 41 jours après le 1ᵉʳ temps de l'opération, 17 jours après la création de la bouche jéjunale.

OBSERVATIONS

Observation I. — Surmay. — *Entérostomie.*
(*Bullet. gén. Thérap*, 1878., p. 195).

La femme P..., Clémentine, 26 ans, est entrée à l'hôpital
Saint-Antoine, service de M. Dujardin-Beaumetz, le 1er juin
1878. Cette femme qui jusque-là n'avait jamais été malade, souffrit pour la première fois de l'estomac, il y a un an environ. Elle
eut d'abord des vomissements muqueux, puis elle vomit ses aliments.

Depuis onze mois, elle n'a pas cessé de vomir tous les jours
ses aliments, mais elle n'a jamais rendu de matières noires. Les
vomissements sont devenus de plus en plus fréquents et les selles
sont de plus en plus rares. Depuis longtemps elle n'a plus qu'une
garde-robe tous les 8 jours, et encore -estelle presque insigni-
fiante. L'amaigrissement, dit-elle, est énorme et enfin l'affaiblissement est devenu tel que, ne pouvant plus travailler, elle est
entrée à l'hôpital.

Elle présente alors l'état suivant: la malade est maigre, mais
la maigreur, du moins d'une manière absolue, est loin d'être
excessive. Le teint naturel est brun: il n'y a aucune apparence
de cachexie: il n'y a pas et il n'y a jamais eu d'œdème des membres. Les règles viennent régulièrement et sont même très abondantes. Tous les organes explorés ne présentent rien d'anormal,
sauf l'estomac.

Au creux épigastrique, on sent très nettement une tumeur
du volume d'une grosse pomme environ, un peu mobile, parais-

sant occuper le pylore. L'estomac distendu se dessine très bien sous la peau, et on y voit se faire des mouvements péristaltiques et antipéristaltiques. On sent aussi, par la palpation, les anses intestinales rassemblées en paquets cotonneux. La malade a de l'appétit, elle boit avec plaisir le lait qu'on lui donne. Elle le vomit environ deux heures après l'avoir pris, quelquefois plus tôt.

La température est de 36°,5 le matin et de 36°,8 le soir. Sommeil facile. Jusqu'au 8 juin l'état ne change pas, la température oscille entre 36 et 37°.

Sur l'invitation de M. Dujardin-Beaumetz, le 8 juin, une consultation a lieu eutre M. Dujardin-Beaumetz, M. le Pr Lefort, M. Le Dentu, chirurgien de l'hôpital, et moi. A l'unanimité l'indication de l'opération est reconnue. Mais la malade n'étant soumise à l'observation que depuis 8 jours, l'affaiblissement et l'amaigrissement n'étant pas extrêmes, la température se maintenant, je ne me crois pas suffisamment autorisé à pratiquer sur le champ une opération qui est un premier essai, et j'émets l'avis de continuer encore pendant quelques jours l'observation. On s'assurera d'une manière définitive qu'absolument rien ne passe par le pylore, on notera la température, on pèsera la malade, et ce n'est qu'après cela qu'on décidera s'il y a lieu d'opérer. Il est convenu qu'on attendra.

Le 13, on pèse la malade, elle pèse 36 kilogrammes. M. Beaumetz prescrit un lavement alimentaire composé d'un jaune d'œuf mêlé avec du lait, à quoi on ajoute le lait rendu par les vomissements, Ce lavement est gardé environ une heure. Le soir, nouveau lavement, qui est gardé jusqu'au lendemain matin. On continue ainsi jusqu'au 16, la température se maintient.

Le 16, la malade commence à supporter très difficilement ses lavements, qui lui donnent des coliques violentes et qu'elle rend très peu de temps après les avoir reçus. L'affaiblissement fait des progrès sensibles. Dans la journée, la malade a une syncope.

Le 17, très grande faiblesse : on ne peut faire lever la malade pour la peser. Trois lavements alimentaires qui ne sont gardés que très peu de temps.

Le 18, la faiblesse augmente : trois lavements alimentaires qui sont rendus presque aussitôt.

Le 19, nouvelle consultation entre MM. Dujardin-Beaumetz, Le Dentu et moi. Il est décidé qu'il n'y a plus lieu de retarder l'opération qui d'ailleurs est réclamée par la malade. La malade n'a rien pris par la bouche, ni par le rectum, depuis la veille au soir. La malade est chloroformée et je procède ainsi qu'il suit :

A 1 centimètre en dedans de l'extrémité antérieure de la quatrième fausse côte gauche, en comptant de bas en haut, je fais une incision de 5 centimètres et j'ouvre le péritoine. Le premier organe qui se présente est l'estomac : cela vient de ce que, à cause de la distension qu'il a subie depuis longtemps, il occupe plus de place et descend plus bas qu'à l'état normal.

Je prolonge par en bas l'incision de 2 centimètres à peu près et je découvre le côlon transverse. Je relève un peu le côlon transverse et j'étale au dehors le grand épiploon. Alors, en introduisant perpendiculairement l'indicateur entre le côlon transverse et la masse de l'intestin grêle et le poussant jusqu'à la colonne vertébrale, j'accroche une portion d'intestin grêle et je l'amène au dehors. Cette portion, se laissant attirer également par les deux bouts, n'est pas le jéjunum à sa naissance et je la réintègre aussitôt dans la cavité abdominale. J'en saisis une autre qui, se laissant attirer par un bout seulement et restant fixe de l'autre, est bien le jéjunum. Cette portion est amenée entre les lèvres de la plaie et l'épiploon est rentré. L'intestin est alors fixé à l'angle inférieur de la plaie par une anse de fil de soie qui traverse d'abord de dehors en dedans une des lèvres dans toute son épaisseur, puis l'intestin lui-même, puis l'autre lèvre de dedans en dehors et enfin est arrêté par un double nœud. Par deux ou trois points de suture comprenant le péritoine, je rapproche les lèvres de la plaie à son angle supérieur, sans interposition d'intestin, et de manière à ne laisser béante qu'une ouverture de 3 centimètres et demi environ, dans laquelle l'intestin est maintenu au moyen d'une pince à pansement. Je fixe alors l'intestin aux lèvres de la plaie par trois points de suture de chaque côté.

Les anses de fils sont parallèles et non perpendiculaires aux bords de la plaie afin d'adosser mieux les surfaces péritonéales de l'intestin et de la paroi abdominale.

Ceci fait, j'ouvre l'intestin par une incision de 2 centimètres à peu près, et il s'écoule aussitôt de 20 à 30 grammes de bile jaune verdâtre. La plaie intestinale donne du sang en nappe. Cette petite hémorragie est aussitôt arrêtée par l'application de deux pinces hémostatiques.

J'introduis alors dans le bout inférieur de l'intestin une sonde en caoutchouc rouge du n° 27 ou à peu près dans une longueur de 15 centimètres environ. On retire les pinces hémostatiques : l'hémorragie est arrêtée. On applique par précaution de l'amadou sur les lèvres de la double plaie abdominale et intestinale, en laissant passer la sonde par une ouverture pratiquée dans la plaque d'amadou. On injecte alors lentement et avec précaution 125 grammes de lait additionné de 10 gouttes de laudanum et on ferme la sonde avec un fausset. Il ne s'écoule pas une goutte de lait en dehors, ni par la sonde, ni entre elle et la plaie. On recouvre alors le ventre avec une couche de ouate assez épaisse qui fait le tour du corps.

L'opération, tout compris, a duré environ une heure un quart. Le temps le plus long a été, on le devine, l'application des sutures.

Au moment de l'opération, la température était de 36°,9. Deux heures après, la température était de 37°: à six heures du soir, elle était de 38°,2. La malade ressent quelques douleurs seulement au niveau de la plaie. Pas de nausées, pas de vomissements, pouls assez petit. On fait par la sonde une injection d'un verre de lait additionné de 10 gouttes de laudanum. Il ne s'était rien écoulé depuis la première injection, et celle-ci réussit aussi bien que la première.

Le 20 au matin. Peu de sommeil, inquiétudes ; grande faiblesse ; quelques coliques et envie d'aller à la garde-robe. Pas de selles, pas de nausées ni de vomissements. Le ventre est aussi plat qu'avant l'opération et n'est nullement douloureux à la pression. La malade a uriné. Pouls 141, assez faible. La respiration n'offre rien de particulier. Le teint est peu altéré, mais les yeux sont plus excavés qu'avant l'opération. La langue est molle et humide, elle a sa température normale ainsi que tout le reste du corps. Les mains et les pieds sont chauds. La malade garde son humeur gaie et confiante. Injection de lait additionné d'eau-de-vie faite avec le même succès que les précédentes.

Une heure après midi. Abattement extrême, yeux excavés, respiration assez lente, pas de plaintes. Injection de thé chaud au rhum. Injection sous-cutanée de 1 gramme d'éther qui semble réveiller la malade.

A une heure et demie, nouvelle injection sous-cutanée d'éther sans résultat. Température 39°.

A deux heures, nouvelle injection de thé au rhum dans l'intestin.

A trois heures, respiration extrêmement lente. Mort à trois heures un quart.

Autopsie le 22 juin à 10 heures du matin.

Cavité abdominale. — Les intestins sont un peu distendus par des gaz. Dans les culs-de-sac péritonéaux du petit bassin, on rencontre environ 100 à 150 grammes d'un liquide rouge violacé peu foncé. Sur le péritoine qui recouvre l'origine du jéjunum, on voit deux petites taches laiteuses lenticulaires qui ne sont pas constituées par des fausses membranes que l'on puisse détacher. L'intestin a été saisi et fixé à 10 centimètres de la naissance du jéjunum : quelques adhérences fixent le péritoine intestinal ou péritoine pariétal, au niveau de la suture.

La muqueuse de l'estomac est saine jusqu'aux environs du pylore. A ce niveau, les parois sont épaissies par un néoplasme qui s'étend sur une longueur de 4 à 5 centimètres. On peut introduire le petit doigt dans l'orifice sans trop le forcer : mais l'eau versée dans l'estomac ne gagne pas le duodénum, pas plus qu'elle ne peut passer en sens inverse.

L'intestin grêle est entièrement sain : il est à peu près vide. Le gros intestin, également sain, renferme des matières fécaloïdes, jaunes, liquides, mélangées de grumeaux blancs de lait coagulé.

OBSERVATION II. — *Un cas de sténose fibreuse du pylore : entérostomie : mort.* Par G. J. ROBERTSON (*in Britich medical Journal,* 1885, I, p. 376).

J. S..., 47 ans, maître d'école, fut examiné par moi le 1er février 1883; il souffrait de l'estomac depuis de nombreuses années. Sensation de plénitude et de malaise à l'épigastre, surtout après les repas ; renvois acides ; flatulence ; constipation et perte de sommeil. Depuis 6 mois, tous ces symptômes se sont aggravés : le malade ne prend plus que des liquides, en très petite quantité. Il n'a jamais eu d'hématémèses, jamais de selles sanglantes.

A l'examen, on constate une dilatation marquée de l'estomac; mais pas de tumeur ni d'engorgement ganglionnaires. Pas de douleur à la pression, superficielle ou profonde. On ne trouve ni albumine dans les urines, ni sang dans les fèces.

Le 23 *février,* le malade vomit environ un quart (1 litre) de liquide à odeur aigre, aussi noir que du charbon ; les autres caractères des matières vomies montrèrent que cette coloration était due à la présence du sang. Deux ou trois heures après, le malade expulse sans effort plusieurs gorgées de sang. Cinq jours après, nouvelle attaque, moins grave, suivie d'autres accès survenant chaque nuit ou une nuit sur deux.

Le diagnostic était obscur. La dilatation de l'estomac était évidente, même avant ces vomissements abondants : mais quelle en était la cause? La couleur du sang vomi faisait penser à un cancer; par contre on ne trouvait aucun des autres symptômes habituels du carcinome de l'estomac. En supposant que la couleur du sang fût altérée par un séjour dans l'estomac, l'hémorragie pouvait être causée par un ulcère siégeant au voisinage de l'orifice pylorique; mais rien dans les symptômes n'indiquait un ulcère. Bien plus, à la fin de chaque crise, le sang était aussi noir qu'au début. Tout cet ensemble de caractères négatifs me conduisit à penser qu'il existait une obstruction de nature bénigne, siégeant au niveau du pylore ou dans son voisinage, avec dilatation de l'estomac secondaire.

Le traitement médical et diététique n'avaient apporté aucun soulagement ; il était bien évident que l'alimentation par le rectum ne pourrait le faire vivre que peu de jours. Dans l'état d'épuisement du malade, l'excision du pylore, même avec la certitude d'une obstruction, semblait donner peu d'espoir ; et une incision exploratrice était presque sûrement inutile, en supposant que l'opération pût être faite. Dans ces circonstances, je pensai que l'on pouvait saisir l'intestin grêle, le suturer à la paroi abdominale, puis faire une ouverture à travers laquelle les aliments pourraient être introduits de façon temporaire ou permanente. L'opération ne pouvait faire aucun tort sérieux aux forces du patient, par suite du shock ou de l'hémorragie ; quant aux chances de péritonite, elles n'étaient certainement pas plus grandes que pour une gastrostomie. L'estomac serait encore capable de reprendre ses fonctions : et les aliments, introduits par le nouvel orifice, parcourraient encore un assez long trajet et subiraient l'action des sécrétions du foie et du pancréas aussi bien que du suc intestinal.

Mais sur quelle partie de l'intestin devait-on pratiquer une ouverture ? Toutes choses égales, le plus près de l'estomac était le mieux. On pouvait choisir entre la portion initiale du duodénum et le segment supérieur du jéjunum. Je rejetai la première solution : parce que le duodénum pouvait être envahi par la lésion pylorique, et parce que sa situation trop rapprochée du pylore eût rendu difficile l'opération consécutive de l'excision, au cas où celle-ci serait devenue nécessaire.

L'opération fut pratiquée le 9 mars, avec le plein consentement du malade. Incision médiane d'environ 5 centimètres, commençant immédiatement au-dessous de l'ombilic : l'épiploon fut repoussé à droite et j'attirai l'anse d'intestin qui se présentait, de la main gauche je la déroulai tandis, que de la main droite je la replaçais dans la cavité abdominale. Ce fut bientôt mon opinion et celle de tous les assistants que je suivais la partie supérieur du jéjunum, et cette opinion fut hors de doute quand je trouvai l'intestin fixé dans la situation normale de la partie terminale du duodénum. L'intestin, disposé en travers de la plaie abdominale, fut fixé avec des fils de soie fins armés d'une aiguille à chaque extrémité, l'anse jéjunale étant attirée au dehors, huit fils sous-péritonéaux de 1 centimètre de longueur, furent passés de façon à circonscrire un espace octogonal de 2 centimètres de diamètre dont le centre était opposé au bord mésentérique de l'intestin. Je plaçai un fil au centre de cet espace pour servir de guide dans le second temps de l'opération. L'intestin fut replacé dans la cavité abdominale, et je fis pénétrer les aiguilles à travers le péritoine pariétal en des points correspondant aux sutures intestinales, puis à travers la paroi abdominale pour sortir au-dessous de la peau. Par de douces tractions, j'amenai l'intestin tout contre la paroi abdominale et je nouai les fils. Le pansement de la plaie termina l'opération. Le malade ne souffrit pas de l'opération mais mourut d'épuisement 8 heures après.

Autopsie. — Estomac très dilaté et contenant une grande quantité de liquide de couleur sombre: parois atrophiées. Le pylore est adhérent à la face inférieure du lobe droit du foie: il est le siège d'un épaississement fibreux qui s'étend à 5 ou 6 centimètres le long de la petite courbure: son orifice admet à peine un crayon. La partie du jéjunum fixée à la paroi se trouve à une vingtaine de centimètres de son extrémité supérieure: les sutures n'ont pas atteint la muqueuse.

OBSERVATION III. — LEE et PEARCE-GOULD. — *Cancer du pylore et du duodénum : jéjunostomie : mort. (The Lancet, 1885, tome II, p. 1092.)*

Henry B., ingénieur civil, 33 ans, fut admis le 22 août 1885 dans le service du Dr Lee, se plaignant de douleurs de l'estomac, vomissements et amaigrissement. Père vivant, âgé de 75 ans, mère morte de cause inconnue. Cinq frères vivants, tous en bonne santé, un mort d'une affection pulmonaire, un autre d'une maladie inconnue du malade. Cinq sœurs vivantes : la plus âgée dyspeptique. Le malade a été grand buveur ; depuis 3 ans, il est très tempérant. Il habite Londres depuis 15 ans. Pas de maladie antérieure. Sa maladie actuelle a commencé en juin 1884 par des douleurs épigastriques avec flatulencie, depuis ce temps il a beaucoup maigri. La douleur augmenta jusqu'en 1885 ; elle était si pénible après les repas que le malade craignait de manger de nouveau. Les symptômes s'aggravèrent et, en fin juillet, il vomit une grande quantité de sang noir, mêlé à un liquide clair, et du sang noir passa dans ses selles. Depuis ce temps, on l'a nourri exclusivement avec des lavements nutritifs et toute tentative d'ingestion stomacale a été suivie de douleur aiguë et de vomissements « marc de café ».

État à l'entrée. — Le malade est très amaigri ; il reste couché sur le dos, absolument sans force. Il ne se plaint pas de douleurs, mais une pression profonde dans l'hypocondre droit éveille une légère souffrance. On ne sent pas de tumeur. Langue nette, humide ; le malade sent un goût acide dans la bouche et la gorge. Deux fois par jour, il vomit un liquide épais, incolore, de réaction acide, qui contient de nombreuses torula cerevisiæ, mais pas de sarcines. Tout aliment introduit dans l'estomac provoque une vive douleur ; le liquide est retenu environ 2 heures, puis survient une sensation de distension suivie de vomissements. L'estomac est considérablement dilaté. Les selles sont liquides et sentent mauvais. Urine acide, sans albumine, ni sucre. Comme traitement, soda-water et limonade par la voie buccale, « beef-tea » et œufs par le rectum et une potion contenant du bismuth, du bromure de potassium et de l'acide cyanhydrique dilué.

27 août. — Il ne vomit qu'une fois par jour. Peut garder quelques cuillerées à thé de gelée de Brand.

29 août. — Le malade n'est pas aussi bien, certainement plus faible, il a vomi trois fois dans la nuit et une fois ce matin.

4 septembre. — L'état s'aggrave, l'estomac ne peut rien retenir. Injection de 1/3 de grain de morphine pour la nuit, soit $0^{gr},02$.

7 septembre. — Consultation avec le Dr Gould. Quoiqu'on ne sentît aucune tumeur gastrique, on porta le diagnostic de rétrécissement du pylore par une tumeur maligne. Quoique le malade fût très faible et évidemment près de mourir, on décida de lui offrir les chances d'une opération, et comme l'ablation de la tumeur était impossible chez un malade dont les forces étaient épuisées, on proposa d'ouvrir la partie supérieure du jéjunum et de la nourrir par la fistule intestinale. Le cas fut exposé au malade et à ses amis qui se décidèrent pour une opération.

8 septembre. — A 9 heures du matin le malade fut endormi et M. Gould ouvrit le ventre au moyen d'une incision médiane remontant à un pouce (0,025) au-dessous de l'appendice xyphoïde et descendant à 1/2 pouce (0,01) au-dessus de l'ombilic. Introduisant son doigt, il sentit une masse dure, occupant l'extrémité pylorique de l'estomac et le commencement du duodénum et infiltrant les ganglions mésentériques. Relevant le grand épiploon, il attira dans la plaie la partie supérieure du jéjunum et la fixa par une double rangée de fils de soie phéniqués, puis rapprocha l'angle supérieur et inférieur de la plaie. L'opération fut faite sous le spray phéniqué ; pansement au salol. On remarqua que la vessie du malade était très distendue ; quelques tentatives de catéthérisme échouèrent ; mais, comme le malade urinait facilement et ne se plaignait d'aucun trouble de ce côté, on aima mieux ne pas intervenir pour son rétrécissement de l'urètre. A 2 heures du soir, injection de 1/6 de grain ($0^{gr},01$) de morphine. A 10 heures, 1/8 de grain ($0^{gr},08$). Toutes les quatre heures, un lavement composé de 4 onces de beef-tea (120 grammes) et d'un œuf mis à digérer avec un drachme (4 grammes) de liqueur pancréatique de Benger ; ces lavements furent retenus. Pendant les premières heures qui suivirent l'opération, le malade n'eut pas de repos et se plaignit de douleurs dans l'abdomen, puis il se calma et dormit bien pendant la nuit.

9 *septembre*. — Ce matin, le malade ne souffrait pas et se sentait bien. Pouls, 85, très dépressible. T., 98°,8 F. Pendant la nuit, il a vomi une petite quantité de liquide teinté de bile. A 11 heures du matin, le lavement nutritif fut rejeté avec une diarrhée intense, qui se répéta peu après. Lavement d'amidon et d'opium, des suppositoires nutritifs de Slinger sont substitués aux lavements, un toutes les 6 heures.

10 *septembre*. — Le malade a bien dormi sans morphine ; les vomissements de liquide teinté de bile continuent ; selle légèrement diarrhéique ce matin. Pouls 80, T. 97°,8 F. A 3 heures du soir, le pansement fut enlevé et M. Gould fit à l'intestin une petite ouverture par laquelle il introduisit une seringue et injecta lentement une once (30 grammes) de crème et une once de beef-tea peptonisé. Continuer les suppositoires. Le malade fut agité toute la soirée ; on fit une injection de 1/6 de grain de morphine, mais il dormit à peine pendant la nuit, eut le délire et vomit de temps en temps.

11 *septembre*. — Le malade n'a pas reposé, il est très affaibli, délirant et faisant de fréquents et faibles efforts pour quitter le lit. Pouls très petit, ne peut être compté, extrémités froides ; le pouls se relève un peu après une injection de 30 minimes d'éther (1^{gr},50). T. 99°,4. Urine, densité 1,020 ; acide avec traces d'albumine. Le jour se passe dans cet état. Le soir, la douleur abdominale devient très vive. Injection de 1/6 de grain de morphine. Affaiblissement graduel et mort le 12, à 3 heures du matin, 66 heures après l'opération.

Autopsie, 12 heures après la mort. — Corps très amaigri. A l'ouverture de l'abdomen, le péritoine ne présente aucun signe d'inflammation ; pas d'injection, pas de liquide. Le bout supérieur du jéjunum était fixé à la plaie et sa surface péritonéale était accolée au péritoine pariétal ; au centre de cette anse d'intestin, une petite incision. La région pylorique de l'estomac et les deux premiers pouces de l'intestin sont occupés par une masse cancéreuse qui entoure l'orifice et le rétrécit au point de ne pouvoir y passer le petit doigt. Les ganglions mésentériques sont infiltrés ;

quelques-uns forment une masse pultacée enveloppée d'une épaisse
capsule fibreuse. Pas d'infarctus dans les autres organes. Rétrécissement très serré de l'urètre à 3 pouces du méat ; vessie très
hypertrophiée, pas de dilatation des uretères. Poids des reins, 5
onces et 5 onces et demie ; substance corticale un peu indurée
avec des dégénérescences graisseuses par-ci, par-là ; bassinet du
rein droit un peu dilaté. Les 2 plèvres présentent des adhérences
anciennes. Poumons très congestionnés à leur base et en arrière.
Cœur sain, poids, 8 onces. Foie, 42 onces, augmentation du
tissu interstitiel.

OBSERVATION IV. — *Un cas de jéjunostomie pour un cancer
du pylore.* Par GOLDING-BIRD. (Lecture faite à la *Clinical
Society of London,* le 27 novembre 1885.)

Homme, 46 ans, admis à Guy's Hospital le 30 septembre 1885.
En novembre 1884, il ressentit les premiers symptômes d'une
sténose pylorique, c'est-à-dire douleur vive après avoir mangé,
avec vomissements plus ou moins rapprochés de chaque repas.
Depuis quelque temps, les vomissements surviennent environ une
demi-heure après les repas, ce qui, joint à l'abstinence que le malade s'est imposée volontairement pour éviter toute souffrance,
l'a réduit à un état de maigreur extrême.

A l'examen, le ventre rétracté permet de sentir au-dessus de
l'ombilic et à 5 centimètres à droite de la ligne médiane une
tumeur sensible à la pression ; plus l'estomac est distendu et plus
la tumeur est visible ; mais l'estomac n'est pas dilaté. Pas de mé-
læna ; albuminurie intermittente.

La tumeur semblait mobile et rien dans l'histoire des dix derniers mois ne plaidait contre une intervention chirurgicale ; aussi
j'expliquai au malade que, tout en lui faisant courir de grands
risques, je pouvais néanmoins faire quelque chose pour lui et si
grandes étaient ses souffrances qu'il accepta joyeusement cette
chance de salut.

Je résolus donc d'ouvrir le ventre, d'explorer la tumeur, de faire une pylorectomie, si possible ; sinon, de refermer la plaie, ou bien faire une jéjunostomie.

Le 25 octobre. — Après lavage de l'estomac, je procédai à l'opération. J'employai le spray phéniqué, toutes les règles de Lister furent scrupuleusement observées, et les sutures faites à la soie phéniquée de différentes grosseurs.

Les premières lignes de l'opération ont été tracées par Billroth et n'ont pas besoin d'être rappelées ici ; mon incision avait 12 centimètres de long et croisait la ligne médiane de haut en bas et de gauche à droite, au-dessus de l'ombilic. Le ligament suspenseur du foie fut sectionné entre deux ligatures. En découvrant l'extrémité pylorique de l'estomac, je sentis une masse empiétant sur les parois de l'organe et le fixant si bien que je ne pus l'attirer pour l'examiner : je sentais encore d'autres noyaux que je reconnus après être logés dans le pancréas. Ne pouvant, avec quelque chance de succès, enlever le pylore, je résolus, après avoir consulté mes collègues présents, d'ouvrir le jéjunum.

J'attirai en haut le côlon transverse et le grand épiploon à la surface de l'estomac, réclinant l'épiploon à gauche et je saisis la première anse d'intestin grêle qui se présenta. En la suivant vers la gauche, je sentis qu'elle était fixée à la colonne vertébrale en avant de l'aorte et je reconnus aisément que c'était la partie initiale du jéjunum.

L'anse intestinale fut saisie, parallèlement à son grand axe et du côté opposé à l'insertion mésentérique, avec une pince à langue mousse (présentant environ 2 centimètres d'écartement entre ses mors) et fixée ainsi à l'angle inférieur de la plaie pendant les sutures. L'exploration digitale n'occasionna aucune hémorragie et il ne fut pas nécessaire d'éponger la cavité péritonéale, mais une bande de « protective vert » fut placée sur les viscères pendant les sutures, elle fut retirée avant que la plaie ne fût complètement réunie. Je dus employer au moins une douzaine de sutures. Entre les deux dernières, à la partie droite de la plaie, le jéjunum fut attiré à la surface et fixé par une rangée de sutures interrompues. La pince fut alors enlevée ; l'intestin, 2 centimètres de long, était au même niveau que la peau et apparaissait comme l'estomac après la gastrostomie. Les sutures passaient sous le péritoine viscéral et pariétal, mais ne pénétraient pas dans la cavité intestinale.

Pansement antiseptique. Le traitement et la situation du malade pendant les trois premiers jours peuvent être ainsi résumés :

Toutes les 4 heures, un lavement nutritif.

On administrait par la bouche de petites quantités de koumis et d'eau-de-vie.

Le premier jour il fut affaissé et les vomissements, quelques drachmes (1), contenaient surtout du sang. Dans la nuit du 27, il vomit beaucoup et devint si faible que je résolus le lendemain matin d'ouvrir l'intestin.

Le 28 octobre, à midi, j'ouvris le jéjunum, parallèlement à son axe et dans la direction de la plaie cutanée, assez largement pour passer une sonde n° 12, à travers laquelle j'introduisis des aliments semi-liquides. La sonde fut poussée dans la direction de l'iléon ; je ne fis aucune tentative pour la pousser vers le duodénum.

La plaie s'était réunie par première intention et les adhérences de l'intestin semblaient tout à fait satisfaisantes mais les sutures n'étaient pas enlevées. On cessa toute alimentation par la bouche, nourrissant le malade exclusivement par la fistule. En aucune occasion, il ne se produisit de régurgitation par la plaie. On lui donnait ainsi de 400 à 500 grammes de liquide toutes les 4 ou 5 heures. Au troisième repas, il eut une forte attaque d'indigestion qui dura 10 minutes. Ces attaques se renouvelèrent pendant 2 jours, jusqu'à ce qu'on eût diminué la quantité des aliments. Une selle se produisit pendant ces 2 jours ; les matières avaient leur couleur normale. La bile passait donc au delà de la fistule.

Le 31 octobre (6° jour). — J'introduis la sonde vers le duodénum aussi bien que vers l'iléon et je donnai seulement 300 gram-

---

(1) Le drachme pèse 3^{gr},88.

més de liquide, 150 dans chaque direction. Depuis ce jour, toute indigestion disparut.

Le 1ᵉʳ novembre. — On enleva les fils ; le malade très amélioré pouvait rester assis dans son lit. Tout alla bien jusqu'au matin du 9ᵉ jour, quand la personne chargée de le nourrir voulut chercher l'orifice de l'intestin avec un stylet. Il en résulta un pertuis communiquant avec la cavité péritonéale dans laquelle passèrent quelques aliments. Collapsus et mort par péritonite douze heures après.

Autopsie. — Péritonite récente, liquide séreux contenant des parcelles alimentaires dans la cavité péritonéale. Estomac peu dilaté, cancer du pylore, s'étendant au duodénum, largement adhérent au foie. Le petit doigt ne pouvait franchir le pylore. Le pancréas contenait des nodules cancéreux, mais n'était pas adhérent à l'estomac.

La fistule se trouvait à 5 centimètres du duodénum. L'intestin et la paroi présentaient des adhérences solides, sauf le petit pertuis créé par le passage du stylet.

OBSERVATION V. — HAHN. — *Rétrécissement de l'œsophage.*
(*Deutsche medicinische Wochenschrift*, 1894, p. 557.)

K..., 69 ans, entre à l'hôpital le 15 novembre 1886. Il ne peut plus ingérer les aliments solides qui sont immédiatement vomis. Faiblesse extrême. Si l'on essaie le cathétérisme de l'œsophage, on rencontre, à environ 40 centimètres de l'arcade dentaire, un obstacle qui ne laisse même pas passer la sonde la plus fine. Le malade supporte très mal cette opération qui provoque une forte cyanose et de fréquents vomissements. La faiblesse augmente et le malade doit garder le lit tout le jour. Aussi demande-t-il avec insistance à être opéré.

24 *mai* 1887. — Opération, jéjunostomie. A l'ouverture de la cavité abdominale, il s'écoule une assez grande quantité de liquide trouble et jaunâtre. L'estomac est petit et atrophié ; par suite, la gastrostomie est impossible. On choisit, pour créer une

fistule alimentaire, un point du jéjunum situé à 20 centimètres de son origine. L'incision abdominale est refermée, sauf sur un espace de la grandeur d'un mark, au niveau duquel on suture le jéjunum au feuillet pariétal du péritoine. La plaie est couverte avec de la gaze iodoformée.

26 *mai*. — Ouverture du jéjunum et introduction d'une sonde de Nélaton par laquelle on fait passer aussitôt des aliments liquides.

27 *mai*. — Par la sonde, on introduit des œufs, du sucre, du jus de viande additionné de pepsine et d'un peu d'acide chlorhydrique.

La faiblesse augmente de plus en plus, et le malade meurt le 13e jour après l'opération.

Autopsie. — Le foie contient des noyaux blanchâtres de consistance dure. L'estomac est presque complètement envahi par une grosse tumeur à surface irrégulière et ulcérée en partie.

Diagnostic. — Cancer de l'estomac et du foie. Jéjunostomie, péritonite chronique.

Observation VI. — J.-J. Peyrot, professeur agrégé. — *Jéjunostomie pour un volumineux carcinome de l'estomac et du foie.* (Verdin, *Thèse*, Paris, 1898.)

Le 7 janvier 1888, chez un homme de près de 60 ans, atteint d'un volumineux carcinome de l'estomac propagé au foie, je pratiquai une jéjunostomie dans le but de remédier à l'inanition qui était absolue, le malade vomissant immédiatement tout ce qui était introduit dans l'estomac. Je n'avais consenti à cette intervention que sur les instances du malade et de sa famille et je la pratiquai en présence du Pr Le Dentu. Le jéjunum fut saisi au moyen d'une incision pratiquée sur la ligne médiane, fixé dans la plaie et ponctionné pour l'introduction d'une petite sonde de Nélaton.

Le malade succomba très rapidement (au bout de 3 ou 4 jours) à une poussée d'accidents hépatiques. On ne put faire l'autopsie.

Observation VII. — Albert. — *Jéjunostomie.*
(Arbeit. und Jahresb. der Chir. Klinik. Wien., 1889.)

M... Joseph, 42 ans, a maigri graduellement. On sent, au niveau de l'épigastre, une grosse tumeur, dure, peu mobile.

Une anse jéjunale est attirée à travers une petite incision abdominale juste au-dessus de l'ombilic et fixée dans la plaie péritonéale par une seule suture.

Le 5ᵉ jour, ouverture de l'intestin avec le Paquelin: plusieurs fois par jour, injection d'aliments.

Malgré les soins, le malade décline peu à peu et meurt au bout de 4 semaines.

Autopsie. — Cancer de l'estomac, cancer secondaire du cœur, du rein, des ganglions du mésentère et du hile du foie. Début de péritonite.

Observation VIII. — Albert. — *Jéjunostomie.*
(Arbeit. und Jahresb. der Chir. Klinik. Wien., 1889.)

P... Charles, 42 ans, paysan, souffre de vomissements depuis 7 mois, amaigrissement progressif.

On trouve, dans la région du pylore, une tumeur de la grosseur du poing, assez mobile.

Incision transversale d'environ 15 centimètres. La tumeur de la grosseur du poing est attirée au dehors. Ligature de l'épiploon. L'estomac, saisi avec une pince en deçà de la tumeur, est récliné du côté du pylore. On voit alors que le carcinome a envahi le pancréas et est accolé au duodénum. On l'attire alors en totalité et l'on fait une ligature élastique: une longue aiguille, enfoncée à travers la tumeur, la maintient dans la plaie abdominale.

Enfin le sommet de l'anse jéjunale la plus élevée est fixée

dans la plaie péritonéale et la plaie abdominale fermée en partie par une suture.

Après l'opération, collapsus. Lavements alimentaires, mais le malade vomit fréquemment.

Le 4ᵉ jour, ouverture de l'anse intestinale avec le thermocautère de Paquelin : injections d'aliments liquides.

Le 6ᵉ jour, mort par collapsus.

A l'autopsie, on trouve une pneumonie lobulaire double en partie suppurée. Pas de péritonite.

OBSERVATION IX. — HAHN. — *Cancer de l'estomac inopérable : jéjunostomie. (Deutsche medicinische Wochenschrift, 1894, p. 557.)*

Femme âgée de 30 ans, pas de maladie antérieure. La maladie actuelle a commencé en septembre 1888 par des éructations et des vomissements ; on pouvait à ce moment constater une induration dans la région épigastrique.

Depuis cinq semaines les vomissements sont incessants et l'amaigrissement est extrême. On constate, dans la région épigastrique, une tumeur résistante qui s'étend de l'arc costal gauche presque jusqu'à l'ombilic et dépasse la ligne médiane d'environ 3 centimètres. Cette tumeur est peu mobile. La malade ne prend que des aliments liquides, les solides sont aussitôt rejetés.

6 mai 1889. — Opération. Incision abdominale de 12 centimètres de longueur et contournant à gauche l'ombilic. Le péritoine ouvert, on constate que la paroi stomacale est épaissie et très indurée ; la paroi antérieure présente une infiltration grisâtre, surtout marquée dans la région de la petite courbure et dans la région du pylore. Après constatation de l'état des organes, on ne peut songer qu'à la jéjunostomie. On cherche l'anse la plus élevée du jéjunum, à gauche de la colonne vertébrale, tout près du pancréas. A une distance d'environ 20 centimètres, le jéjunum est attiré et fixé à la paroi ; puis on referme le péritoine et l'incision abdominale, laissant une ouverture de 2 centimètres de diamètre. Le péritoine pariétal est fixé à la peau par sept points de suture. Dans cette plaie cutanée, d'environ 2 centimètres de longueur, on fixe le jéjunum avec de nombreux fils de soie qui traversent d'abord la séreuse intestinale, puis la paroi abdominale. Pansement à la gaze iodoformée.

Six jours après l'opération, on ouvre l'intestin. Trois fois par jour, la malade prend par cette voie du vin, du lait, etc.

Six semaines après l'opération, amélioration de l'état général. La malade peut prendre des aliments solides par la bouche sans qu'ils provoquent de vomissements. A partir du 6 juillet, la fistule tend à se fermer. Malgré l'augmentation manifeste de la tumeur, l'alimentation peut se faire par la bouche sans inconvénient.

Le 15 *juillet,* la fistule est fermée: alimentation se faisant uniquement par la bouche. Etat général bon.

Le 23 *juillet,* la malade quitte l'hôpital améliorée.

OBSERVATION X. — MAYDL. — *Jéjunostomie pour cancer du pylore.* (*Wiener medicinische Wochenschrift.,* 1892, p. 697.)

G. M..., 40 ans. A noter que, d'après le récit de la malade, un de ses frères serait atteint de la même maladie d'estomac.

La maladie a débuté il y a 9 mois : ce fut d'abord une sensation de compression dans la région épigastrique, accompagnée d'éructations et de pyrosis. Deux mois après, la malade est prise de vomissements qui surviennent une heure après les repas. Une seule fois, les matières vomies étaient mélangées de sang.

La malade entre à la Clinique, le 15 février. On constate, un peu à gauche de la ligne médiane et juste au-dessus de l'ombilic, une tumeur s'étendant dans le sens transversal, mesurant 3 centimètres et demi de long sur 2 centimètres et demi de large, très mobile, suivant les mouvements du diaphragme et siégeant au niveau du pylore.

Le 20 *février,* on procède à l'opération avec la pensée de faire une cure radicale si rien ne s'y oppose. L'abdomen ouvert, on trouve que, non seulement la résection du pylore est impossible, mais que la gastro-entérostomie est également contre-indiquée. La grande courbure de l'estomac est en effet fortement soudée au côlon transverse et des vaisseaux lymphatiques infiltrés partent de la tumeur stomacale, sous forme de fils blanchâtres, en avant du côlon et dans une direction transversale. Je me décide donc à pratiquer une jéjunostomie suivant la méthode que j'ai déjà décrite.

Dès le soir, on introduit environ 350 grammes de lait dans l'intestin au moyen d'un drain mou. La malade pesait 39 kilogrammes avant l'opération. Le 1ᵉʳ mars, on enlève les sutures : la plaie abdominale s'est réunie par première intention.

A partir du 3 mars, et pendant les jours suivants, on introduit par la fistule les aliments suivants :

Salmis finement haché de composition spéciale. . .	200 grammes.
Lait condensé..	150 —
Riz bouilli..	150 —
Sel.	3 —

Le tout dilué dans 1,500 grammes d'eau. Le 13 mars, la malade pesait 48 kilogrammes ; le 16 mars 49ᵏᵍʳ,500.

Le 16, la malade se plaint de maux de tête ; le 18 et le 19, la température monte à 39°. Une éruption de variole apparaît et l'on transporte la malade dans un service de varioleux d'où elle retourne chez elle.

Au moment où elle a quitté l'hôpital, j'ai pu constater que la fistule fonctionnait à merveille et que la malade comprenait très bien comment il fallait s'en servir.

OBSERVATION XI. — JESSETT. — *Jéjunostomie. (Clinical society's Transactions,* tome XXV, p. 112.)

J. C..., homme, âgé de 45 ans. Souffre, depuis 2 ans, de douleurs après manger et de vomissements intermittents. Depuis quelque temps, les vomissements ont beaucoup augmenté et s'accompagnent d'une violente douleur. Sous le cartilage intercostal gauche, on sent une tumeur, probablement fixe. La douleur est si vive, après ingestion de tout aliment, que le malade doit être nourri par le rectum. Cependant il a perdu beaucoup d'embonpoint, et il est nécessaire de faire quelque chose pour prolonger sa vie. Le seul moyen est, à mon avis, d'ouvrir le jéjunum et de le nourrir par là.

Le 10 *juin*. — Le malade étant préparé, je fais une incision médiane entre le cartilage ensiforme et l'ombilic, d'environ 2 pouces de long : et, en réclinant le grand épiploon et le côlon transverse, je puis saisir une anse du jéjunum près de son origine ; celle-ci est attirée dans la plaie. Deux crins de Florence sont passés à travers les couches séreuse et musculaire de l'intestin, sur une longueur d'environ un pouce et demi, un sur chaque côté de l'intestin, séparés par un intervalle d'environ un pouce. On passe alors 2 autres sutures à travers les mêmes couches de l'intestin et perpendiculairement à son axe, juste au point de sortie des premières sutures. Ces 4 sutures sont ensuite passées à travers la paroi abdominale à un demi-pouce de chaque côté de l'incision ; et enfin à travers une plaque d'os semblable à celle qui sert pour la gastro-entérostomie.

Deux sutures au crin de Florence pour fermer la plaie à chaque extrémité et l'on arrête les sutures passées à travers la plaque d'os : finalement une portion d'intestin est attirée dans l'ouverture centrale de la plaque et retenue par transfixion au moyen d'une aiguille à bec de lièvre.

Trois jours après, on fait une petite ouverture en sectionnant sur l'aiguille et une sonde en gomme est introduite et laissée à demeure. Les sutures sont enlevées au bout de 8 ou 10 jours et l'on constate une réunion parfaite.

Le malade guérit rapidement et peut se nourrir lui-même avec du becf-tea, etc. Les douleurs sont considérablement diminuées : il prend des forces et quitte l'hôpital au bout d'un mois. La maladie fait des progrès et il meurt 7 mois après l'opération.

Observation XII. — Mayo Robson. — *Cancer étendu de l'estomac avec impossibilité de retenir les aliments : jéjunostomie : guérison opératoire : mort au bout de 2 mois par suite des progrès de la maladie. (Médico-chirurgical Transactions, 1891-2, p. 412.)*

Mme E. B..., 58 ans, habitant le comté de Lincoln, me fut envoyée le 19 juin 1891, par le Dr Hamilton de Crowle, pour une tumeur abdominale, accompagnée de vomissements persistants et perte rapide de l'embonpoint. La malade dit qu'elle était très bien avant ces derniers 18 mois, quand elle fut soudain prise de vomissements qui ont continué depuis. Elle a maigri au point d'être, lors de son admission, un véritable squelette. Jamais d'hématémèse. Les vomissements survenaient aussitôt après les repas, sans nausées. Au début, elle avait une douleur intermittente dans la région du sein gauche, mais pendant les 6 derniers mois, la douleur est devenue continuelle, et toujours plus vive après manger. Il y a 3 mois, elle remarqua pour la première fois une tumeur dans l'hypocondre gauche qui augmenta rapidement. La tumeur fut remarquée depuis ce temps et la douleur semblait toujours partir de ce point.

A son entrée, la malade était très amaigrie et vomissait tout, aussitôt après avoir mangé. Les vomissements étaient exclusivement alimentaires et contenaient de l'acide chlorhydrique libre : mais le microscope ne put déceler ni sarcines, ni globules sanguins. Occupant l'hypocondre gauche et gagnant l'épigastre, se trouvait une tumeur dure, nodulaire, suivant les mouvements respiratoires, sans adhérences à la peau. On pouvait aussi sentir sous le foie une tumeur qui fut considérée comme la vésicule biliaire distendue.

Diagnostic. — Cancer de l'estomac. La malade fut nourrie avec de petites quantités d'essence de Brand et des aliments peptonisés, outre les lavements nutritifs. La douleur fut calmée par des injections de morphine.

Il y eut une légère amélioration ; mais, vers la fin du mois, elle perdit de nouveau du terrain, et les vomissements persistèrent. Après consultation, une incision exploratrice fut décidée, pour voir si la tumeur pouvait être enlevée, si toutefois elle était trop étendue, comme on le pensait, on pourrait faire la jéjunostomie.

Le 1er juillet 1891. — L'anesthésie faite avec le mélange A. C. E., et la peau de l'abdomen antiseptisée, je fis une incision de 3 pouces au-dessus de l'ombilic, sur la ligne blanche, mettant à nu la tumeur qui occupait toute la paroi antérieure de l'estomac, et par suite ne pouvait être enlevée. En outre, il y avait distension de la vésicule biliaire qui contenait des calculs.

Le jéjunum fut alors trouvé à son point d'attache, à gauche de la colonne vertébrale, et suivi pendant environ 6 pouces. A ce point, une anse d'intestin fut attirée au dehors et fixée par des sutures, (après que le péritoine pariétal et la peau eurent été réunis par une suture continue), suivant la méthode proposée par Greig-Smith et dont j'ai publié un cas dans le *Brit. med. Journ.* du 7 juin 1890, prouvant sa sûreté et son efficacité.

Une anse de fil d'argent fut d'abord insérée dans la surface convexe de l'intestin, au point fixé pour l'ouverture. Une aiguille courbe, à large chas, fut ensuite chargée de 12 pouces de soie de moyenne grosseur, et passée sous la couche péritonéale de l'intestin, suivant un cercle d'un pouce et demi de diamètre, la suture faite de façon à laisser au dehors 5 anses à intervalles égaux. Les anses de fil furent passées à travers la paroi à environ un tiers de pouce du bord de la plaie : puis une sonde n° 6 fut passée à travers toutes ces anses, et, quand tout fut en place, les extrémités du fil furent tirées et les anses serrées sur le catéther : enfin on noua sur la sonde les 2 bouts du fil. Le fil d'argent fut alors replié sur la sonde et quelques sutures fixèrent l'intestin à la peau. Le reste de l'incision de la paroi fut réuni par des sutures interrompues au crin de Florence.

Le lendemain, la malade se sentait très bien et fut nourrie entièrement par le rectum. On continua jusqu'au 7 juillet ; jour où l'on fit une petite ouverture à l'intestin avec un ténotome : on passa une sonde molle, par laquelle fut introduite la nourriture peptonisée dont elle pouvait prendre 2 ou 3 pintes par jour. Elle reprit des forces et put sortir le 27 juillet. Le principal ennui venait de l'irritation de la peau autour de l'orifice artificiel : mais, par l'ouverture, elle pouvait prendre une quantité convenable de liquide qui était bien retenu. La maladie fit des progrès et elle mourut 2 mois après.

On ne peut faire l'autopsie.

OBSERVATION XIII. — BOWREMAN JESSETT. — *Jéjunostomie.*
(*Clinical society's Transactions*, tome XXV, p. 114.)

W. C..., 59 ans, ressent depuis huit mois de la difficulté à déglutir les solides : les aliments, dit-il, semblent descendre « jusqu'au sommet de l'estomac » et rester là.

Rien dans les antécédents héréditaires.

État actuel. — Très émacié : se plaint de douleurs vives à l'épigastre. Les aliments, quand il en prend, sont rejetés presque aussitôt sans être digérés. A vomi un peu de sang. La sonde pénètre jusqu'à 16 pouces (40 centimètres) de l'arcade dentaire. Une pression profonde au niveau de l'épigastre est très douloureuse.

Opération le 2 août, d'après le procédé exposé dans une des observations précédentes. Le malade guérit de l'opération et meurt d'épuisement 6 semaines après.

L'examen post mortem montre que la tumeur était située au niveau du cardia et s'étendait sur la paroi antérieure. L'œsophage était oblitéré.

Observation XIV. — Ch. Larkin. — *Un cas de gastro-entérostomie pour sténose pylorique suivie plus tard de la réapparition des symptômes pour lesquels on dut faire la jéjunostomie. (The Lancet, 1891, tome II, p. 667.)*

J'ai publié dans la *Lancet* du 11 juillet la relation d'un cas de gastro-entérostomie opéré par moi le 22 mai : j'apporte aujourd'hui la suite de l'observation.

La malade, âgée de 47 ans, souffrait de vomissements depuis le mois de juillet de l'année précédente, et, avant son entrée à l'hôpital, en était arrivée à ne plus rien prendre : elle était très amaigrie.

En faisant l'opération, on trouva que la tumeur occupait presque toute l'étendue de l'estomac, et que la partie saine se trouvait en haut, vers le cardia. Par suite de cette disposition, on dut, pour éviter la constriction du côlon transverse, faire passer l'anse intestinale à travers le mésocôlon et le grand épiploon : réunion au moyen des plaques de Senn en os décalcifié.

La malade quitte l'hôpital le 19 juin. Rentrée chez elle, elle ne tarda pas à reprendre le régime commun. Puis elle va passer 15 jours à la maison de convalescents de Woolton. Mais bientôt les vomissements réapparaissent, après ingestion de viande ou de légumes : on lui ordonne de ne prendre que du lait, des œufs, des tartines de beurre, du thé-bœuf. Vers la fin de juillet, elle vomit tout, presque aussitôt après ingestion. Elle entre de nouveau à l'hôpital le 31 juillet.

On note, à son entrée, qu'elle est amaigrie, moins toutefois que lors de son premier séjour. Pas de douleurs, mais des vomissements aussitôt après les repas : la quantité vomie n'est jamais grande et semble même moindre que la quantité ingérée. Ces temps derniers, elle n'a eu qu'une selle par semaine, peu abondante. Elle se sent faible et abattue après chaque crise de vomissements.

La tumeur, siégeant dans la région épigastrique, est évidente à l'inspection et à la palpation : elle est plus étendue que la première fois. Les veines superficielles sont dilatées, mais il n'y a pas d'œdème des jambes.

4 août. — Pendant 5 jours, la malade est mise au régime et ne boit que du lait avec du soda, du lait peptonisé, etc. : mais les vomissements continuent. Une selle depuis son entrée.

Après consultation avec mes collègues, je me décide à tenter l'alimentation par le jéjunum, et par suite à faire une jéjunostomie. Sous le chloroforme, on fait une incision d'environ 5 centimètres de longueur, en dedans de la ligne semi-lunaire gauche, et dont le centre se trouve un peu au-dessus du niveau de l'ombilic. Section des diverses couches : on sépare les fibres du grand droit et l'on ouvre la cavité péritonéale suivant l'usage. En explorant avec les doigts, on sent facilement un estomac dur et bosselé : et l'on peut voir et sentir beaucoup de noyaux dans le péritoine. Le grand épiploon soulevé et récliné à droite, tout ce qui est au dessous semble sain, et on ne voit nulle part de noyaux secondaires. Les intestins sont affaissés. On choisit une anse de ce qu'on pense être la partie supérieure du jéjunum : on l'amène, sans secousses, dans la plaie abdominale, et on la fixe avec des sutures au catgut, une rondelle d'os et une aiguille à bec de lièvre, suivant la méthode décrite par M. Jessett dans le *British medical Journal* du 27 juin. Le reste de l'incision est refermé.

L'opération ayant été courte, la malade n'est pas trop affaissée quand on la remet sur son lit. Pendant 3 jours, pour éviter les vomissements et les mouvements qu'ils provoqueraient, on supprime toute alimentation par la voie buccale : on nourrit la malade avec des lavements de lait peptonisé, de peptones de bœuf, d'œufs et d'eau-de-vie. Ils sont tous bien retenus.

7 août. — Le jéjunum est ouvert (sans anesthésie) en sectionnant sur l'aiguille à bec de lièvre. Une sonde de Holt, n° 10, est introduite et remplit exactement l'ouverture. On injecte 120 à 150 grammes de lait à travers la sonde : puis son extrémité est fixée à la paroi abdominale avec du crin de Florence. Nettoyage de la plaie et pansement.

Régime liquide consistant chaque jour en 1,500 grammes de lait, 2 œufs et 500 grammes de beef-tea. Les lavements nutritifs sont supprimés quelques jours après.

La rondelle d'os s'use et tombe le 14° jour.

6 *septembre*. — Malade beaucoup améliorée : se lève et s'assied dans la journée. La plaie est complètement cicatrisée, mais la peau de la région environnante devient de temps en temps eczémateuse par suite du liquide qui s'échappe de la bouche jéjunale. La sonde est retirée et il sort très peu du contenu intestinal. État satisfaisant : mais la malade a souvent faim et demande une tasse de thé, qui la rend malade quand elle l'absorbe.

13 *septembre*. — Sortie de l'hôpital, même situation que le 6.

La malade meurt le 25 octobre : depuis un mois elle prenait des aliments par la bouche.

A l'autopsie, on trouve une rupture de l'intestin consécutive à un étranglement interne. La bouche jéjunale est solidement fixée à la paroi abdominale. Quant à la première anastomose gastro-intestinale, elle est complètement fermée. L'estomac, rempli d'eau, se vide par l'orifice pylorique : mais si on ferme ce dernier avec une pince, rien ne passe plus. On réussit néanmoins, après plusieurs tentatives, à faire pénétrer dans l'orifice un stylet très fin.

OBSERVATION XV. — HAHN. — *Rétrécissement cancéreux de l'œsophage. (Deutsche medicinische Wochenschrift, 1894, p. 557.)*

Ouvrier, âgé de 56 ans, entre à l'hôpital en novembre 1891. Il est dans un état d'émaciation extrême et ne peut retenir aucun aliment. Dans l'œsophage, à 30 centimètres environ de l'arcade dentaire, se trouve un obstacle que ne peuvent franchir les sondes les plus fines. Les forces diminuent rapidement : on se décide donc

à opérer. La gastrostomie étant impossible, on pratique la jéjunostomie.

Opération le 3o novembre. Ouverture du jéjunum et introduction des aliments. Malgré l'alimentation répétée par la fistule,
le malade meurt d'inanition le 3 décembre.

A l'autopsie on trouve que la fistule alimentaire était établie à
3 mètres et demi de l'estomac et à 2 mètres de la valvule iléo-
cæcale.

Diagnostic. — Broncho-pneumonie double, cancer de l'œsophage et du cardia, néphrite parenchymateuse.

OBSERVATION XVI. — HAHN. — *Rétrécissement de l'œsophage
par des caustiques. (Deutsche medicinische Wochenschrift,
1894, p. 557.)*

M. R..., 19 ans, a tenté de se suicider en absorbant un acide.
Elle entre à l'hôpital le 15 juillet 1891 : dyspnée et vomissements
abondants. La malade est extrêmement amaigrie. Température :
36°,6. Pouls petit, fréquent : 100. Paroi abdominale très affaissée.
Au-dessous de l'arc costal gauche, on remarque une voussure
qui s'étend à droite jusqu'à la ligne médiane, en bas jusqu'à
l'ombilic et disparaît à gauche sous les fausses côtes. La sonde
œsophagienne ne peut pénétrer dans l'estomac.

Un sondage fait le 11 septembre, ayant provoqué des hématémèses abondantes et répétées, et la malade étant épuisée, on se
décide à pratiquer une jéjunostomie.

15 *septembre.* — Opération. Anesthésie avec un mélange de
chloroforme et d'éther. Incision de 5 centimètres de longueur,
suivant le bord latéral du grand droit du côté gauche, un peu
au-dessus de l'ombilic.

Le péritoine ouvert, on cherche l'origine du jéjunum. Lorsque
l'incision a été rétrécie et recouverte du péritoine pariétal, on y
fixe la séreuse du jéjunum par de nombreuses sutures.

16 *septembre.* — Ouverture de l'intestin par une incision de

1 centimètre de longueur. Les lèvres de la plaie abdominale, de
la séreuse et de la muqueuse sont légèrement rapprochées avec
des crochets et, pour plus de sûreté, réunies encore une fois par
de nombreuses sutures à l'incision cutanée revêtue du péritoine.
Introduction d'une sonde de Nélaton par laquelle on verse immédiatement du lait.

28 *septembre*. — L'amélioration continue. En dehors des aliments introduits par la fistule, la malade peut prendre un peu de
vin et de lait par la bouche.

10 *octobre*. — La malade est nourrie par la fistule encore deux
fois chaque jour: par la bouche elle prend du cacao, de la viande
râpée qu'elle supporte très bien.

15 *octobre*. — Dernières alimentations par la sonde.

21 *octobre*. — La plaie est complètement fermée.

27 *novembre*. — La malade quitte l'hôpital, guérie.

OBSERVATION XVII. — Professeur MAYDL (de Prague). —
Jéjunostomie pour cancer du pylore. (*Wiener medicinische
Wochenschrift*, 1892, p. 697.)

B. A..., femme âgée de 40 ans. Rien à signaler dans ses antécédents héréditaires. La maladie actuelle remonte au mois d'août
1891. Pendant les deux premiers mois, la malade souffrait principalement d'éructations fréquentes après les repas. Bientôt sur-
vinrent des vomissements. Pas d'hématémèses, pas de douleurs
dans la région épigastrique. Depuis le mois d'octobre, son mé-
decin lui a interdit l'ingestion d'aliments solides: de temps en
temps, on lui fait un lavage de l'estomac.

La malade entre le 7 décembre à la Clinique chirurgicale. A
l'exception de l'estomac, tous les organes sont normaux. A une
distance de 2 centimètres au-dessus de l'ombilic, on voit une tumeur en gâteau, s'élevant d'environ 1 centimètre au-dessus du
niveau de l'abdomen. La tumeur a une direction transversale: sa
longueur est d'environ 6 centimètres, sa largeur de 4. Elle est

fortement bosselée, compacte, d'une dureté presque cartilagi-
neuse. Sa base est très mobile et l'on obtient facilement la sensation de ballottement.

Si l'on insuffle de l'air dans l'estomac au moyen d'une sonde
œsophagienne, la tumeur se porte un peu en bas et à droite. En
même temps se dessine très nettement, à gauche de la ligne médiane, la grande courbure de l'estomac, dont le bord inférieur
aboutit au niveau de la tumeur.

En insufflant de l'air par le rectum, le côlon transverse re-
pousse la tumeur en haut et à droite, si bien qu'elle est presque
entièrement cachée par l'arc costal gauche. Une zone tympanique
sépare le foie de la tumeur.

Après les préparatifs habituels, j'ai procédé à l'opération le
8 décembre. Ayant constaté la grande mobilité et la consistance
dure de la tumeur, je me proposais d'exciser le pylore, si rien ne
s'y opposait.

Je fis donc une incision d'environ 10 centimètres de longueur
à peu près à égale distance de l'ombilic et de l'appendice xyphoïde.
On put alors constater que la tumeur siégeait exactement au
pylore, mais que la pylorectomie était impossible en raison
de l'infiltration cancéreuse qui s'étendait au-dessus de la séreuse du côlon transverse jusqu'au grand épiploon (à partir de
la grande courbure de l'estomac où aboutissait la tumeur), ainsi
que sur les surfaces antérieure et postérieure de l'estomac vers la
petite courbure. Une gastro-entérostomie était également impossible dans ces conditions et je me décidai à pratiquer une jéjunostomie d'après une nouvelle méthode.

A un centimètre environ du pli duodéno-jéjunal, je choisis un
endroit dont j'exprimai le contenu intestinal, ayant ainsi à ma
disposition une étendue d'environ un centimètre de longueur.
Pour que le contenu intestinal ne pût de nouveau pénétrer dans
cette portion d'intestin, je l'isolai au moyen de deux bandes de
gaze iodoformée passées à travers le mésentère. J'ouvris alors
l'intestin entre ces deux ligatures par une section transversale.
Dans le bout distal, je pratiquai une ouverture d'environ trois

centimètres de longueur, du côté opposé à l'insertion mésentérique ; cette ouverture comprenait la moitié de la circonférence de l'intestin. J'y implantai alors le bout proximal : pour le fixer je suturai d'abord la muqueuse d'une lèvre de l'incision longitudinale avec la moitié de la circonférence du bout proximal par des points de suture dont les nœuds étaient tournés vers l'intérieur du canal intestinal ; par-dessus, je suturai la musculeuse et la séreuse. Je fermai alors l'ouverture par une série de points de suture réunissant la muqueuse de la deuxième lèvre à la seconde moitié de la circonférence du bout afférent, et par-dessus cette suture, je réunis la musculeuse et la séreuse. Cette anostomose terminée, je replaçai l'intestin dans la cavité abdominale, mais en ayant soin de laisser au dehors le bout distal de l'intestin sectionné.

L'ouverture intestinale fut fixée par 4 points de suture traversant le péritoine pariétal et la séreuse intestinale, dans l'angle gauche de la plaie. Une épingle de nourrice avait été, pour plus de sûreté, placée sur le bout efférent. Sous cette épingle, une bande de gaze iodoformée isole l'intestin de la plaie abdominale. On n'introduit pas de drain dans l'orifice jéjunal. Pansement.

Les suites opératoires furent complètement apyrétiques ; la malade quitta l'hôpital le 23 janvier 1892. Depuis cette époque, elle se nourrit exclusivement par la fistule, dont le fonctionnement n'est nullement troublé par les progrès de la maladie.

Observation XVIII. — Albert. — *Jéjunostomie pour cancer du pylore.* (*Wiener medicinische Wochenschrift*, 1894, p. 57.)

Il s'agit d'une paysanne, âgée de 26 ans. A l'âge de 13 ans, elle fut atteinte de péritonite. Depuis 2 ans, elle souffre de l'estomac, avec vomissements continuels. Douleurs abdominales depuis 6 mois.

La malade est très amaigrie et pâle. A l'examen, on constate, dans la région épigastrique, la présence d'une tumeur transver-

sale, dure, du volume du poing. La tumeur suit tous les mouvements du diaphragme ; une zone tympanique la sépare de la limite
inférieure du foie. Il s'agit d'un carcinome de l'estomac, qui, par
suite de son volume, a envahi le fond même de la cavité stomacale.

Il ne pouvait être question de l'extirpation de la tumeur, opération qui aurait causé la gangrène du côlon. Il est évident qu'on
ne pouvait songer non plus à une gastro-entérostomie. C'est
seulement en établissant une fistule jéjunale qu'on pouvait espérer prolonger la vie de la malade.

Le 15 juin 1893, je pratique l'opération. Incision d'après les
indications de Maydl. Je trouve un cancer du pylore de la grosseur du poing, ayant envahi la grande courbure. Après avoir dé-
couvert la première anse jéjunale, je l'attire et je referme la plus
grande partie de l'incision abdominale, par quelques sutures pro-
visoires. A la base de l'anse jéjunale, j'établis alors une anastomose entre les bouts afférent et efférent pour que les sécrétions
du foie et du pancréas puissent passer librement. Parallèlement
à la première incision abdominale et à 4 centimètres plus haut
(c'est-à-dire vers l'appendice xyphoïde) je pratique une seconde
incision cutanée de 2 centimètres de longueur ; après avoir établi
un pont cutané entre ces deux incisions, je fais passer l'anse intestinale au-dessous, amenant ainsi sa partie convexe dans l'incision supérieure. Je la fixe en cet endroit par quelques points de
suture.

Fermeture définitive de la plaie abdominale : le péritoine et
les muscles ne sont pas suturés sur le trajet de l'anse, mais la plaie
cutanée est complètement fermée.

L'anse jéjunale se trouve donc sous la peau ; mais l'anastomose entre ses deux tronçons est située directement en arrière de
la plaie péritonéale, dans la cavité abdominale. En outre, immédiatement après l'établissement de l'anastomose, la branche effé-
rente et son prolongement sont placés en ligne droite pour faciliter l'introduction des aliments. La situation du jéjunum sous la
peau permet d'éviter la régurgitation du contenu intestinal, on

peut même, en cas de besoin, faire une compression légère avec une petite pelote. Ce procédé est imité du procédé de gastrostomie de Roux.

Le 4ᵉ jour, l'anse est ouverte au thermocautère, et l'on fait une injection de lait. Depuis lors la malade s'alimente par sa fistule (lait, soupe, vin, œufs). Elle quitte l'hôpital le 3 juillet.

L'opérée est morte dans son pays, le 11 août, 8 semaines après l'intervention chirurgicale. Pendant toute cette période, elle s'alimentait par sa fistule, absorbant également un peu d'aliments liquides par la bouche. Les douleurs diminuaient parfois et même disparaissaient pour quelques jours.

Elle s'affaiblit beaucoup et garda le lit les 10 derniers jours de sa vie. Pendant les 3 derniers jours, elle ne prit rien par sa fistule qui se rétracta un peu.

OBSERVATION XIX. — ALBERT. — *Ulcérations de l'œsophage et de l'estomac par absorption de potasse. (Wiener medicinische Wochenschrift, 1894, p. 57.)*

L'opération que j'ai pratiquée le 1ᵉʳ juillet 1893 aurait pu donner un résultat positif. Il s'agissait d'une grave ulcération du tube digestif et de l'estomac à la suite d'absorption de potasse caustique. Cet accident se produisit le 29 mai. La malade, âgée de 20 ans, arriva dans un tel état d'inanition que c'est après une longue hésitation que je me décidai à l'opération et à l'anesthésie. Après avoir fait une anastomose jéjuno-jéjunale, j'incisai l'anse et je versai dans l'intestin à peu près un litre de lait auquel j'avais ajouté un blanc d'œuf et du vin. Puis je fixai le sommet de l'anse dans la seconde incision cutanée. Mais la malade était trop épuisée ; elle mourut quelques heures après l'opération.

A l'autopsie, on constata une cautérisation étendue de l'estomac avec ulcération de la muqueuse et rétrécissement du pylore.

Observation XX. — Hahn. — *Rétrécissement de l'œsophage consécutif à l'action de l'acide sulfurique. (Deutsche medicinische Wochenschrift, 1894, p. 557.)*

K. S...., 23 ans, entre à l'hôpital le 9 décembre 1893, à la suite d'une tentative d'empoisonnement avec de l'acide sulfurique. Le pharynx est presque fermé par la tuméfaction. Vomissements répétés et abondants de masses brûnâtres, mêlées de lambeaux de muqueuses. Température = 35°.

16 *janvier* 1894. — Comme il paraît certain que la malade, sans une intervention chirurgicale, mourra d'inanition, on procède à l'opération. Anesthésie. Incision suivant la ligne médiane entre l'appendice xyphoïde et l'ombilic. A l'ouverture du péritoine, le côlon transverse très distendu vient bomber dans la plaie. Après l'avoir récliné, on aperçoit l'estomac rempli de liquide. Les parois stomacales semblent très amincies en plusieurs endroits : sur la petite courbure, l'exploration digitale fait reconnaître un point où la séreuse subsiste seule : musculeuse et muqueuse ont disparu. Par suite d'adhérences cicatricielles, l'estomac ne se laisse pas attirer dans la plaie. On ne pouvait, en présence de cet état de choses, penser à une pylorectomie ou à une gastro-entérostomie, on procède donc à l'établissement d'une fistule alimentaire.

L'anse jéjunale la plus voisine du duodénum est attirée dans la plaie abdominale. L'incision péritonéale est rétrécie par 3 points de suture supérieurs et 3 inférieurs, le péritoine pariétal est suturé à la peau et l'on fixe l'anse jéjunale au point où vient s'attacher le feuillet pariétal du péritoine : de la sorte, une petite partie du jéjunum, de la grosseur d'une noisette, se trouve dans la plaie, isolée de la cavité abdominale par les sutures.

La malade est très affaiblie après l'opération. Pouls petit et fréquent : vomissements accompagnés de fortes douleurs dans la région opératoire.

17 *janvier*. — Incision de l'intestin et introduction d'aliments.

Bosquet.

7

23 *janvier*. — Température = 37°,2. L'urine contient presque un tiers de son volume d'albumine. Malgré l'alimentation réitérée par la fistule, la malade devient de plus en plus faible. Pouls à peine perceptible.

24 *janvier*. — Mort.

Autopsie. — Gangrène de la muqueuse de l'estomac et de l'œsophage. Myocardite : pneumonie catarrhale : néphrite parenchymateuse : péritonite purulente circonscrite.

OBSERVATION XXI. — MONTAZ (de Grenoble). — *Entérostomie pour cancer de l'estomac. (Dauphiné médical,* 1894, p. 94.)

Il s'agit d'un homme présentant tous les signes d'un cancer du cardia, et arrivé à un degré avancé de cachexie. Vomissements incessants de tout aliment, aussitôt après l'ingestion : maigreur squelettique.

Opération. — Laparotomie sus-ombilicale. Le chirurgien tombe rapidement sur un cancer massif de l'estomac qui est envahi en totalité. Il ne reste pas la moindre surface de ce viscère qui soit indemne. La tumeur avait le volume d'un gros poing.

On ne pouvait songer à la résection de l'estomac, mathématiquement impossible : on ne pouvait davantage pratiquer la gastro-entérostomie. M. Montaz se décida alors à pratiquer une bouche intestinale. Relevant le grand épiploon et le côlon transverse, il alla à la recherche de l'origine de l'intestin grêle. Celle-ci fut trouvée à sa place habituelle, à côté de la colonne vertébrale.

M. Montaz put amener sans trop de tractions l'intestin dans la plaie de la laparotomie. Il suffit alors de retrécir cette plaie par le haut et de fixer l'intestin à la paroi, à l'aide de sutures analogues à celles de la gastrostomie, selon Terrier : sutures unissant les tuniques externes de l'intestin à la paroi péritonéo-musculo-aponévrotique : puis ouverture de l'intestin très petite et fixation de la muqueuse à la peau.

Suites opératoires très simples : pas de shock. Alimentation

liquide avec un tube et un entonnoir par la bouche intestinale. En
même temps traitement au chlorate de soude. Le malade a repris
des forces et a pu, après quelques jours, manger et avaler sans
que les aliments sortent par la bouche intestinale qui serait
devenue de la sorte un anus. Le malade a quitté la clinique et a
succombé beaucoup plus tard aux suites de sa maladie.

La peau voisine de l'orifice anormal avait présenté un érythème, semblable à celui que produit la gastrostomie, mais
moindre. D'ailleurs les applications régulières de stérésol l'avaient
notablement atténué.

OBSERVATION XXII. — FREIHER VON EISELSBERG. — *Carcinome
du pylore : application de la méthode de Witzel à la jéjunostomie.* (*Archive fur Klinische Chirurgie,* tome L,
p. 932.)

Femme, âgée de 38 ans, atteinte de sténose du pylore. Pendant la dernière année, les symptômes se sont manifestés rapidement (vomissements d'aliments solides, puis d'aliments liquides,
quelque temps après leur ingestion : douleurs vives dans la
région épigastrique). Comme la malade devenait très faible et
maigrissait à vue d'œil, je l'ai reçue dans ma clinique au mois de
mai 1894.

En examinant la malade, on trouve au niveau de l'estomac
une tumeur dure, peu mobile, de la grosseur du poing. L'estomac
ne semble pas dilaté. Quelques jours suffisent pour reconnaître
l'exactitude des symptômes fournis par l'anamnèse. Une laparotomie, pratiquée dans l'espoir de supprimer les phénomènes de
sténose par une gastro-entérostomie, montre que la totalité de
l'estomac est envahie par le néoplasme, sauf une toute petite
partie dans la région du cardia. Une gastro-entérostomie semblait
impraticable, si on voulait pratiquer la fistule dans une paroi
saine. Je me décide, pour cette raison, à pratiquer la jéjunostomie, d'après la méthode de Witzel, sur la partie distale de l'anse

jéjunale supérieure, à 30 centimètres environ de son point de fixation.

L'opération fut facilement et rapidement exécutée. Les jours suivants, l'alimentation se fit exclusivement par la fistule : les aliments pénétraient d'une manière parfaite ; aucun écoulement du contenu intestinal par la sonde de Nétalon, fermée d'ailleurs avec une pince.

Quoique l'alimentation fût abondante, l'état de la malade ne fit que s'aggraver : elle mourut le 14ᵉ jour après l'opération.

Autopsie. — Carcinome étendu du pylore, avec infiltration de toute la paroi stomacale par la masse cancéreuse. Phénomènes de péritonite autour de l'anse jéjunale, qui adhère fortement à la paroi abdominale. L'intestin ouvert, on aperçoit une série de plis transversaux à l'endroit où la sonde de Nélaton traversait obliquement la paroi jéjunale.

OBSERVATION XXIII. — FREIHER VON EISELSBERG. — *Carcinome du pylore : seconde application du procédé de Witzel à la jéjunostomie. (Archives fur Klinische Chirurgie, tome L, p. 932.)*

Homme, âgé de 42 ans, chez lequel se sont développés, dans un espace de quelques mois, les symptômes typiques de la sténose du pylore, déterminant un amaigrissement effroyable.

Dans la région épigastrique, on sent très bien une tumeur dure et volumineuse ; l'estomac est tellement infiltré par la masse cancéreuse et le carcinome se trouve si près du cardia que la gastro-entérostomie paraît impraticable.

Comme dans l'observation précédente, je pratique une jéjunostomie, d'après le procédé de Witzel. La plaie se réunit par première intention. L'orifice fistulaire correspond exactement à la sonde de Nétalon et fonctionne bien. Les aliments qu'on introduit avec un entonnoir en verre s'adaptant sur la sonde de Nélaton s'écoulent facilement ; si l'écoulement s'arrête (par exemple

quand on introduit de la viande hachée) il suffit d'introduire dans
la sonde un peu d'eau sous une faible pression. Une pince ferme
hermétiquement la sonde, et jamais le contenu intestinal n'est
rejeté, même pendant les quintes de toux. Le malade reçoit jour-
nellement du bouillon, du lait, 6 à 8 œufs, et de la viande fine-
ment râpée.

Le 18ᵉ jour, il peut descendre du lit. Trois semaines après
l'opération, il quitte l'hôpital et quinze jours plus tard, c'est-à-
dire 5 semaines après l'opération, il meurt de cachexie. Jusqu'au
dernier jour la plaie est restée fermée et la fistule fonctionnait
bien.

Observation XXIV. — Freiher von Eiselsberg. — *Cancer
du pylore : guérison.* (*Archive fur Kliniche Chirurgie,*
tome L, p. 532.)

Femme, âgée de 60 ans. 12 enfants. Elle n'a jamais eu d'autres
maladies que cette affection stomacale qui a débuté à l'âge de
24 ans. Elle souffrait de douleurs paroxystiques dans la région de
l'estomac, accompagnées de vomissements acides et provoquées
par un mauvais régime. Pendant les 3 dernières années, la maladie s'aggrave ; les vomissements deviennent plus fréquents et se
produisent quelques heures après les repas. Depuis 6 mois, leur
fréquence a encore augmenté et ils surviennent très souvent 10
ou 15 minutes après l'ingestion des aliments. Pas d'hématémèse.
Bientôt la malade se voit obligée de limiter son régime à de
petites quantités de lait. Elle maigrit rapidement et sa faiblesse
est telle qu'elle ne peut se tenir debout.

Au mois de juillet 1894, je reçois la malade dans ma Clinique :
elle est effroyablement amaigrie.

A l'examen de l'abdomen, on sent, dans la région pylorique,
une tumeur dure, assez mobile, sensible à la pression, et de la
grosseur d'une petite mandarine : pas de dilatation de l'estomac.
En introduisant une sonde œsophagienne molle pour faire le

lavage de l'estomac, on tombe sur un obstacle au niveau du cardia (37 centimètres environ de l'arcade dentaire) : au même moment, la malade commence à souffrir de nausées telles qu'on doit abandonner le sondage. La malade ne se nourrit que d'un peu de lait. On fait le diagnostic de sténose pylorique, ayant pour cause la tumeur qu'on sent nettement à la palpation. La sensibilité pendant les sondages et les vomissements qui deviennent plus fréquents aussitôt après l'absorption des aliments ne peuvent être expliqués d'une manière satisfaisante.

Opération le 6 juillet 1894. Anesthésie mixte de Billroth. Le péritoine ouvert et la région pylorique dégagée, on trouve une tumeur dure, un peu bosselée, de la grosseur d'un œuf de poule, limitée par le pylore et la paroi stomacale. La tumeur est mobile dans tous les sens, de sorte que son extirpation par résection paraît possible.

En examinant plus soigneusement les autres parties de l'estomac, on trouve, dans la région du cardia, et surtout le long de la petite courbure, une seconde tumeur analogue à la première, d'aspect blanchâtre et granuleux : elle n'a aucun rapport avec la tumeur du pylore. Il s'agit donc dans ce cas de deux tumeurs (du pylore et du cardia) séparées, sans aucune connexion entre elles, mais de même nature (probablement carcinomateuses). Naturellement il ne peut plus être question de résection ; de même la tumeur du cardia rend une gastro-entérostomie inutile. La jéjunostomie est indiquée comme le seul traitement palliatif utile.

Cette opération fut facilement et rapidement exécutée d'après la méthode de Witzel. Suture à trois étages de la paroi abdominale. Réunion de la plaie par première intention, sans réaction. Pendant les 15 premiers jours, on n'introduit dans le jéjunum par la sonde de Nélaton que des aliments liquides (lait, vin, œufs). L'état de la malade s'améliore sensiblement : les douleurs stomacales ont cessé ainsi que les vomissements. La sensation de soif et de sécheresse de la bouche est combattue avec succès par de fréquents rinçages de la bouche avec de l'eau froide. La 4e semaine,

la malade commence à sucer du beefteck saignant : son état s'est
tellement amélioré qu'elle peut se promener. Trois semaines et
demie après l'opération, elle quitte l'hôpital. La bouche jéjunale
fonctionne très bien. La sonde de Nélaton empêche, même pendant
les quintes de toux, l'écoulement au dehors du contenu intestinal.

Peu à peu, la quantité d'aliments introduite par la sonde fut
augmentée (10 œufs, quelques litres de lait et 100 grammes de
viande crue par jour). La malade a pu reprendre chez elle une
partie de ses occupations (les plus faciles). Cinq mois après, la
malade commence à prendre par la bouche, à titre d'essai, du lait
et aussi un peu de viande. A sa grande surprise, elle peut l'avaler
sans qu'elle provoque de vomissements ni de douleurs de l'estomac.
Encouragée, la malade augmente la quantité d'aliments pris par la
bouche, si bien que, depuis quelque temps, elle ingère la plus
grande partie par la bouche et 2 ou 3 œufs par jour seulement,
par la sonde de Nélaton.

Quand j'ai vu la malade, 11 mois après l'opération, elle se
portait très bien et avait une mine superbe. Son poids avait augmenté de 20 kilogrammes (45 avant l'opération, 65 à cette époque).
La déglutition des aliments, mêmes solides, se faisait bien : les
douleurs stomacales et les vomissements avaient complètement
disparu. Le pourtour de la fistule jéjunale est sec : aucun eczéma.
La sonde de Nélaton, fermée par une pince, empêche tout écoulement du contenu intestinal au dehors.

A l'examen de l'abdomen, on ne trouve plus de tumeur dans
la région pylorique. Le sondage de l'estomac réussit sans difficultés. La malade se considère comme complètement guérie et
affirme que, depuis 25 ans, elle n'avait jamais joui d'une santé si
florissante et d'un bien-être pareil.

OBSERVATION XXV. — HELFERICH — *Carcinome stomacal
opéré par la jéjunostomie à l'aide du bouton de Murphy.*
(Borcher. Thèse de Greifswald, 1896.)

Malade âgé de 50 ans. La maladie débuta il y a 7 semaines :

douleurs violentes dans la région épigastrique et fréquents vomissements. Les matières vomies sont d'une couleur noirâtre. Avec
le temps, les symptômes s'aggravèrent ; le malade souffrait d'une
manière continue et vomissait régulièrement les matières ingérées.
Il ne pouvait plus prendre d'aliments solides et était forcé de se
nourrir exclusivement d'aliments liquides. Mais ces derniers eux-
mêmes ne pouvaient être avalés qu'avec de grandes difficultés
et étaient souvent rendus.

Le 27 mai 1896, le malade est reçu à la clinique chirurgicale
de Greifswald. A ce moment, il est extraordinairement cachectisé ;
la peau est d'une couleur gris jaunâtre. Rien du côté du cœur et
des poumons. Pouls filiforme, fréquent. Langue chargée ; lorsque
le malade ouvre la bouche, il s'en dégage une odeur fétide. Vomissements brunâtres. Les aliments arrivent jusqu'à l'estomac,
mais sont immédiatement rendus.

L'abdomen est excavé. Au-dessous de l'arc costal gauche, on
sent une tumeur qui se déplace avec les mouvements respiratoires.
A la percussion de la tumeur, on entend un son tympanique. Les
limites de l'estomac et de la tumeur se confondent. La limite inférieure de l'estomac se trouve à 4 travers de doigt au-dessous de
l'ombilic. Le foie et le pancréas ne sont pas augmentés de volume.
A travers la paroi abdominale très mince, on sent l'aorte et les
ganglions mésentériques qui sont durs et fortement augmentés.
Pas d'ascite.

Une sonde, introduite dans l'œsophage, butte contre un obstacle dans la région du cardia.

Selles rares, urine claire, pas d'albumine.

Opération le 1ᵉʳ *juin*. Incision de 7 centimètres de longueur
suivant la ligne médiane au-dessus de l'ombilic. Tout l'estomac
est occupé par la tumeur et adhère fortement aux ganglions.
Nombreuses métastases dans l'épiploon ; ganglions mésentériques
tuméfiés. La gastro-entérostomie étant impossible, on pratique la
jéjunostomie. Dans ce but, on sectionne transversalement le jéjunum, et l'on anastomose latéralement, au moyen d'un bouton de
Murphy, le bout afférent avec le bout efférent. Pour plus de

sûreté, on applique au-dessus une suture séreuse continue au catgut. Le bout efférent, rétréci partiellement par une suture séreuse en cordon de bourse, est fixé à l'angle inférieur de la plaie abdominale. On réunit le reste de la plaie au moyen de sutures profondes au catgut et à la soie. A l'aide d'une sonde molle, on introduit dans la fistule du malade des aliments liquides ; injections camphrées. Température vespérale, 37°,1. Le malade se plaint d'une soif vive ; injection sous-cutanée d'une solution de chlorure de sodium et introduction par la fistule d'un litre d'aliments liquides. Il survient des vomissements ; les bords de la plaie sont très douloureux. Pouls petit, fréquent, 130. Le soir, injection d'une seringue de camphre et de 1 centigramme de morphine.

2 *juin*. — Les vomissements bilieux et la soif persistent. Nouvelle injection de sérum et introduction de deux litres de liquide par la fistule. Le malade avale en outre des gorgées de liquide par la bouche. Pouls petit et très fréquent. T. M., 36°,8. T. S., 37°,1. Abdomen douloureux, pas de météorisme. 1 centigramme de morphine.

3 *juin*. — Même état, le pouls est à peine perceptible. Même traitement.

4 *juin*. — Mort du 6ʰ,30 du matin.

Autopsie. — Les anses de l'intestin grêle sont modérément remplies et d'une couleur grisâtre. Elles ne contiennent pas de gaz. Le côlon, dans toute son étendue, est fortement distendu, ainsi que la partie descendant du duodénum. Le bouton de Murphy est intercalé dans l'intestin grêle. A 3 centimètres de ce point, le duodénum est fortement rétréci par une suture. Là où le duodénum communique avec le jéjunum, il se trouve une légère couche de graisse. Dans le rectum, quelques matières fécales assez solides.

L'œsophage est libre ; à son extrémité se trouve un gros ganglion très tuméfié.

L'estomac et le duodénum contiennent un liquide muqueux, jaunâtre. L'estomac semble diminué de volume, mais la muqueuse présente de nombreux plis qui, si on les efface en un point, reparaissent sur un autre point avec encore plus de netteté. On remarque à la surface de la muqueuse de nombreux points hémorragiques récents, recouverts d'un mucus épais et visqueux, ce qui donne à la muqueuse un aspect marbré. A 3 ou 4 centimètres du pylore, la muqueuse devient un peu plus claire et prend une teinte blanc jaunâtre. On aperçoit à ce niveau une ulcération de 8 millimètres de largeur sur 2 millimètres de profondeur, dont les bords surélevés sont recouverts d'une couche gris verdâtre. Tout près du pylore, second ulcère semblable au premier. Le pylore laisse passer une forte sonde. Sur une étendue de 6 centimètres de largeur et de 10 centimètres de longueur, la paroi stomacale est dure et épaisse ; le reste de la paroi est en général considérablement aminci. Le duodénum est normal dans toute sa longueur.

Les ganglions sont fortement tuméfiés. Dans le lobe droit du foie, à 3 centimètres environ du bord tranchant, se trouve une masse dure, de la grosseur d'une noisette qui semble se prolonger dans   substance hépatique.

Diagnostic. — Cancer de l'estomac avec propagation au foie et aux ganglions.

OBSERVATION XXVI. — KAREWSKI. — *Rétrécissement de l'œsophage consécutif à l'ingestion de chlorure de zinc. (Berliner Klinische Wochenschrift, 1896, p. 1112.)*

Une femme de 35 ans, souffrant de mélancolie périodique, absorbe 5o grammes d'une solution de chlorure de zinc à 5 pour 100 qu'on lui avait prescrite en injections vaginales. L'énorme quantité de poison détermine des vomissements, avec collapsus grave, extrême faiblesse que l'on combat avec des injections camphrées et d'autres moyens. Lavage soigneux de l'estomac. On parvient à sauver momentanément la malade. Les plus petites quantités d'aliments liquides sont immédiatement rendues : les nausées et les vomissements ne cessent pas, même quand aucun aliment n'a été ingéré. Dans le pharynx et l'œsophage, on aperçoit immédiatement après l'accident une escarre blanchâtre, mais bientôt elle se détache, de sorte que le trajet des voies supérieures reste libre. La déglutition se fait bien et les aliments semblent pénétrer dans l'estomac. A la fin de la première semaine, on constate une néphrite hémorragique, en même temps qu'une pleurésie, avec fièvre intense, qui guérit en quelques jours. Alimentation rectale : ce mode d'alimentation réussit au début, mais la malade dépérit de plus en plus. Après chaque crise de vomissements, elle souffre de violentes douleurs intestinales. Le météorisme augmente et les vomissements sont encore plus pénibles qu'ils ne l'étaient au commencement. Un jour, hématémèse avec expulsion d'un gros morceau de membrane nécrosée. Les lavements nutritifs ne produisent plus aucun effet. Maigreur extrême. Le pouls diminue, devient plus fréquent. On se voit obligé de recourir à la création d'une fistule alimentaire comme seul moyen qui puisse sauver la malade.

J'ai vu la malade avec les Drs Rosenthal et Boas; le 8 octobre, 5 semaines après l'accident, 1re consultation. Femme très amaigrie, nausées permanentes et pénibles, vomissements muco-purulents accompagnées de fréquentes et violentes douleurs. Rien aux poumons et au cœur. Météorisme abdominal augmentant après chaque lavement nutritif.

L'estomac ne décèle rien ni par la palpation ni par la percussion : la région épigastrique est très douloureuse : les inspirations profondes provoquent des douleurs sous-phréniques. Dans le pharynx, rien d'anormal. Une grosse sonde d'Ewald franchit l'œsophage. Pouls, 130 à 140, régulier.

Petites traces d'albumine et de sang, cylindres granuleux. La quantité d'urines émise chaque jour est de 3 à 400 grammes et contient beaucoup d'indican. Les selles, provoquées par des lavements d'eau pure, se composent de substances alimentaires peu modifiées.

On ne pouvait pratiquer une fistule stomacale. Tous les symptômes indiquaient : 1° que la malade était atteinte d'une péritonite chronique sous-phrénique ; 2° que les phénomènes de sténose se rapportaient incontestablement à l'estomac lui-même ; 3° que l'estomac était couvert d'ulcères suppurés. On se demandait si les ulcères ne pourraient pas guérir seuls, naturellement. L'état de la malade ne permettait pas d'espérer un résultat heureux. On ne pouvait songer qu'à pratiquer une fistule au-dessous de l'estomac, en vue d'une duodénostomie ou d'une jéjunostomie : on se décide pour la jéjunostomie.

Pendant 3 jours, on essaye de relever les forces de la malade par des injections de solutions physiologiques. On réussit même à introduire des aliments par le rectum.

Le 12 *octobre,* j'ai pratiqué la laparotomie. Incision suivant la ligne médiane allant de l'appendice xyphoïde jusqu'à 2 travers de doigt au-dessus de l'ombilic. Le ventre ouvert, on constate que des adhérences péritonéales ont produit la soudure des organes situés dans la région supérieure de l'abdomen. L'estomac a l'aspect d'un cylindre, adhère aux organes voisins et est extrêmement ratatiné. Le pylore est épaissi et dur comme une pierre. Il ne pouvait pas être question de se servir de l'estomac ou du duodénum pour pratiquer une fistule. Après avoir rejeté en haut le côlon transverse, je cherche le pli jéjuno-duodénal, et à 20 centimètres de celui-ci, après avoir suturé l'incision abdominale, je fixe le jéjunum au feuillet pariétal du péritoine et j'y pratique une fistule. L'opération fut bien supportée.

Dès le 1er jour, on put introduire dans le jéjunum une quantité suffisante d'aliments liquides qui furent complètement absorbés.

13 *octobre.* — La malade se porte bien, elle a dormi toute la nuit. Les nausées n'ont pas diminué, il semble, tout au contraire, qu'après chaque repas (les repas ont lieu toutes les 2 heures), elles augmentent : la malade rend de grandes quantités d'un liquide brunâtre. Malgré cela, son état général n'est pas mauvais : elle est plus gaie, le pouls est plus lent et moins fréquent. Les douleurs abdominales ont diminué, et ne deviennent insupportables que pendant l'introduction des liquides alimentaires.

15 *octobre*. — Première selle spontanée, de couleur jaune clair. État général amélioré. La malade qui refusait les boissons sans exception, commence à prendre avec grand plaisir de petites quantités de thé. Selles verdâtres, bien formées.

Le soir du 6ᵉ jour, collapsus. Injections de solutions physiologiques et de camphre. Le collapsus laisse après lui une toux irritante avec des expectorations sanguinolentes. La malade se plaint de douleurs insupportables du côté droit de l'abdomen.

18 *octobre*. — On constate une pneumonie bilatérale des deux lobes inférieurs. La température, jusque-là normale, monte la nuit à 38°,2. Pouls 140.

Le soir du 8ᵉ jour après l'opération, survient de nouveau un callapsus grave qui dure toute la nuit. L'amélioration passagère dans l'état général est impuissante à retarder l'issue fatale et la malade meurt le matin du 9ᵉ jour.

A l'**autopsie,** on trouve: cadavre très maigre ; ictère léger de la peau ; stries de l'abdomen. Tout près de l'ombilic, le jéjunum pourvu d'une canule fait saillie hors de l'incision. Le cœur est petit, contient quelques caillots. Valvules normales. Les deux poumons adhèrent au thorax par des fausses membranes de formation récente: les deux lobes inférieurs sont fortement hépatisés. Les intestins sont modérément gonflés : dans la région iléo-colique droite, on aperçoit de nombreux filaments fibreux purulents. L'épiploon est rejeté très haut. Du côté gauche, les intestins sont couverts d'un mince tissu graisseux. Le petit bassin contient environ 200 grammes d'un liquide trouble, de coloration brunâtre. La rate est légèrement augmentée de volume. Son bord supérieur touche le lobe gauche du foie. A ce niveau, la rate est décolorée et adhère à l'estomac et au lobe gauche du foie par un tissu infiltré et fétide.

L'estomac est perforé sur sa petite courbure : il a environ 12 centimètres de longueur sur 4 de largeur. A son intérieur, de fines bandelettes de tissu cicatriciel et quelques îlots de muqueuse stomacale. Du côté du rein gauche, le tissu adipeux capsulaire est envahi par l'infiltration purulente. Le pylore est rétréci et sa muqueuse fortement nécrosée. Œsophage normal. Foie petit, muscade, infiltration graisseuse. La vésicule biliaire est très distendue. Le rein gauche contient du sang et un liquide trouble : dans le rein droit, un kyste gros comme un œuf de poule est rempli de liquide clair.

Donc, pneumonie bilatérale et péritonite diffuse suppurée survenue à la suite d'une énorme rupture de l'estomac. La rupture ne s'est produite que six semaines après l'ulcération.

OBSERVATION XXVII. — J.-J. PEYROT, professeur agrégé. — *Jéjunostomie pour carcinome œsophagien, avec adhérences de l'estomac, rendant la gastrostomie impossible.* (Verdin, *Thèse*, Paris, 1898.)

Le 8 juillet 1896, entrait à Lariboisière, salle Nélaton, n° 3, le nommé M... Charles, âgé de 50 ans, tonnelier. Depuis quelques mois il présentait tous les signes d'un rétrécissement œsophagien. La déglutition même des liquides est impossible depuis plusieurs jours.

L'absence de commémoratifs d'une lésion traumatique de l'œsophage, l'âge du malade, les troubles de la voix et de la respiration, tout concourt à faire faire le diagnostic de carcinome œsophagien.

Le malade qui a été très vigoureux est maintenant fort amaigri. Dès le surlendemain de son entrée, le 10 juillet, nous nous mettons en devoir de pratiquer la gastrostomie.

L'incision classique de la gastrostomie ayant été pratiquée, nous cherchons et nous trouvons sans peine l'estomac dont nous saisissons un pli entre les doigts : mais tous nos efforts pour attirer cet organe dans l'incision sont inutiles. Il paraît solidement fixé par sa face profonde et sa grande courbure. Le doigt, promené à sa surface pour reconnaître la cause de cette fixité, découvre une série de tumeurs mamelonnées que nous prenons pour des masses carcinomateuses de l'estomac. Supposant donc l'esto-

mac profondément atteint et tout à fait fixé par des adhérences,
je me décide immédiatement à ouvrir une bouche sur le jéjunum.
Cet intestin est saisi vers son origine, un peu au hasard, l'étroitesse
de l'incision ne permettant pas d'agir avec la même précision que
dans les laparotomies faites par exemple pour la gastro-entérostomie. Pour faciliter cette prise, j'avais dû amener au dehors en
grande partie l'épiploon. L'intestin grêle bien saisi, je le suis en
me dirigeant vers ce que je suppose être le bout supérieur ; et
j'ai la satisfaction de constater que l'origine du jéjunum est toute
voisine, à 25 ou 30 centimètres du point saisi. Je fixe cette partie
de l'intestin à la paroi par 7 ou 8 points séro-séreux, en ayant
soin de maintenir au dehors comme dans la gastrostomie une
petite portion ampullaire sur laquelle on pourra pratiquer une
ponction. Les muscles de la paroi sont réunis à la soie : une
sonde en caoutchouc rouge n° 12 est introduite dans l'intestin
après ponction de la partie saillante au moyen d'un fin bistouri :
elle est fixée à la peau par un crin de Florence : 15 centimètres
de sonde restent logés dans l'intestin. La peau est réunie par des
crins de Florence.

Les suites furent des plus simples : on injecta du lait dans l'intestin dès le soir de l'opération. Il fut bien supporté : aucun phénomène de péritonite.

Chaque jour, du lait, des œufs, de la poudre de viande et du
vin sont poussés par petits repas répétés, mais en somme en assez
grande abondance, dans le tube digestif ; pas de coliques ni de
diarrhée. Malgré cette alimentation, le malade dépérit graduellement : d'ailleurs il tousse et crache abondamment. Il meurt
épuisé le 23 juillet 1896, treize jours après l'opération.

Autopsie. — Cancer de l'œsophage siégeant au niveau et un peu
au dessus de la bifurcation de la trachée. En ce point, la lumière de
l'œsophage est notablement rétrécie. Le conduit est fortement
dilaté au-dessus. Le cancer est friable, l'œsophage communique
à son niveau par une fistule avec la bronche gauche. A droite,
volumineux abcès du poumon, en communication aussi avec le
cancer. Rien dans la plèvre ni le péricarde.

L'estomac est assez dilaté, sans induration cancéreuse aucune. Les tumeurs marronnées que l'on avait senties au cours de l'opération siègent sur le pancréas : elles occupent surtout la queue de l'organe. Des adhérences unissent dans l'hypocondre gauche la rate, la queue du pancréas, et la grosse tubérosité de l'estomac, ce qui explique la difficulté éprouvée lorsqu'on a voulu attirer l'estomac au dehors pour la gastrostomie. L'union de l'anse avec la paroi est parfaite. Il n'y a pas trace de péritonite.

OBSERVATION XXVIII. — ERNEST MAYLARD (de Glasgow). — *Cancer étendu de l'estomac : jéjunostomie, d'après la méthode de Maydl. (The Lancet, 1897, tome II, p. 1454.)*

Homme âgé de 5o ans, admis à l'Infirmerie Victoria, à Glasgow, le 7 mai 1897. Au commencement de mars, le malade a senti ses forces diminuer graduellement et a perdu rapidement son embonpoint. Hormis ces symptômes, il n'a remarqué rien d'anormal : mais, il y a un mois environ, il a commencé à vomir ses aliments. Les vomissements étaient souvent précédés de quintes de toux opiniâtres. Souvent le matin, aussitôt après son lever et avant son déjeuner, il rendait quelques gorgées de liquide clair comme de l'eau. Il n'a jamais vu de sang dans ses vomissements, ni dans ses selles qui, dit-il, étaient normales. Depuis quelque temps seulement, il ressent des douleurs dans la région de l'estomac, et il a complètement perdu l'appétit.

A son entrée à l'hôpital, il était très maigre et très affaibli. Il se plaignait d'une douleur dans la région scapulaire, et il faisait remarquer que cette douleur était plus vive quand il prenait des aliments ; aussi avait-il préféré renoncer à toute tentative d'alimentation.

A l'examen du ventre, on voyait, du côté gauche de l'épigastre, une tumeur dure au toucher, indolore, formant gâteau, et légèrement mobile à chaque mouvement respiratoire. La matité à la percussion se continuait avec celle du foie.

En réglementant soigneusement son régime, il était possible de lui faire prendre quelque nourriture sans qu'elle fût vomie ; néanmois l'ingestion était toujours accompagnée de douleurs. Un repas d'épreuve fut administré et le contenu de l'estomac, après évacuation, fut examiné suivant la méthode de Gunzburg pour la recherche de l'acide chlorhydrique, mais on n'obtint aucune réaction. On essaya les lavages de l'estomac, mais la sonde causait tant d'irritation que cette tentative dut être abandonnée. Toutes les 4 heures, on administrait des lavements nutritifs et l'on en donna un, immédiatement avant l'opération.

L'opération fut faite le 18 mai, avec l'assistance des Drs Grant Andrew et Weir. Une incision médiane fut faite au-dessus de l'ombilic, et, après ouverture de la cavité péritonéale, on explora l'estomac avec le doigt. L'organe était largement infiltré, la plus grande partie formant une masse nodulaire de tissu cancéreux. Une tentative fut faite pour attirer le duodénum, dans le but de pratiquer une duodénostomie ; mais celle-ci étant impossible, on fit une jéjunostomie, suivant la méthode de Maydl. L'opération dura 1 heure 10 et ne fut pas suivie de vomissements ; le malade se remit rapidement.

Le 2e jour, on lui donna du lait peptonisé par l'orifice abdominal, et ceci fut répété toutes les 3 heures. L'administration des lavements nutritifs fut aussi continuée.

Le 4e jour, on observait une diminution notable de la tumeur.

Le 5e jour, une bonne selle se produisit : il y eut pour la première fois, régurgitation de bile au dehors de l'orifice abdominal. Un peu de liquide fut administré par la bouche et ne parut pas causer de douleur.

Le 28 mai, c'est-à-dire 10 jours après l'opération, le malade déclarait se sentir beaucoup mieux ; cependant sa toux devenait inquiétante, et, quelle que fût l'amélioration apportée dans la situation de son estomac, elle semblait plus que contrebalancée par les troubles respiratoires. A la fin, sa toux devint tout à fait inquiétante. D'abondantes régurgitations de bile se produisaient de temps en temps et le liquide injecté était aussi renvoyé.

Le 18e jour après l'opération, le bouton de Murphy qui avait servi à implanter le segment supérieur du jéjunum divisé dans le segment inférieur, passa dans les selles, sans causer aucune gêne au malade.

La maladie continua à faire des progrès, la toux devint continuelle et le malade mourut le 3 juin, juste 3 semaines après l'opération.

Autopsie. — L'examen post mortem fut fait par le Dr Galt. La tumeur stomacale siégeait surtout sur la petite courbure, mais s'étendait de chaque côté jusqu'à la grande courbure. Des coupes examinées au microscope montrèrent qu'il s'agissait d'un carcinome colloïde ; des espaces entiers étaient remplis de matière colloïde à l'exclusion des cellules cancéreuses, quoique çà et là existassent bien marqués des groupes d'éléments cellulaires.

Un examen des parties opérées montra l'union parfaite entre les deux portions de l'intestin suturées. Il existait un canal bien marqué entre les segments réunis, sans trace de stricture.

OBSERVATION XXIX. — Professeur TERRIER. — *Jéjunostomie.*
(*Bulletin de la société de Chirurgie,* 1898, p. 986.)

Félicien G..., 53 ans, homme de peine, entre le 8 juillet 1898, à l'hôpital Bichat, salle Jarjavay, n° 13.

Historique. — C'est en décembre 1897 qu'a débuté l'affection qui conduit aujourd'hui le malade à l'hôpital. A cette époque il perdit complètement l'appétit et commença à ressentir, après l'ingestion des aliments, de la pesanteur au creux de l'estomac. A ces symptômes s'ajoutèrent bientôt quelques régurgitations, ou plus souvent de simples renvois avec peu ou pas de matières alimentaires. Pas de renvois acides.

L'amaigrissement, dont le début remonte au mois de décembre 1897, s'accusait progressivement, et en mai 1898, la faiblesse est telle que le malade est incapable de se livrer au moindre travail. Il consulta et fut mis au régime lacté et à l'eau de Vichy.

C'est seulement en juillet 1898 qu'apparurent pour la première fois les vomissements. Pendant les huit jours qui ont précédé l'entrée à l'hôpital, ces vomissements ont été quotidiens. Survenant deux ou trois heures après l'ingestion des aliments, ils empêchaient toute alimentation. Le malade rejetait tout, même le lait.

Antécédents héréditaires. — Rien d'intéressant à signaler : les père et mère du malade seraient morts à un âge avancé (le père d'accident, la mère hémiplégique).

Antécédents personnels. — Santé toujours excellente : quelques excès alcooliques, pas de passé gastrique.

État actuel. — Malade très amaigri, mesurant 1^m,75 et pesant 55 kilogrammes. Teinte jaune paille très accusée.

Examen de l'estomac. — A gauche de la ligne médiane, sous le rebord des fausses côtes, on sent à la palpation une masse indurée, inégale, mal limitée, atteignant presque les dimensions de la paume de la main. Cette induration est indépendante de la paroi abdominale, elle est légèrement mobile avec les mouvements respiratoires. Elle disparaît en haut sous le rebord costal. En dedans elle reste distante de la ligne médiane de trois travers de doigt.

La percussion de l'estomac montre que ce viscère n'est pas dilaté. L'insufflation de l'estomac (acide tartrique, bicarbonate de soude) n'amène aucun déplacement dans la situation de la tumeur.

Pas d'adénopathie à distance. Les viscères, autres que l'estomac, paraissent sains.

Analyse de l'urine. — Quantité en 24 heures = 1500 grammes. Réaction neutre. Densité = 1,023. Urée = 16,65 par litre. Albumine = o. Bile = o.

Du 8 au 18 juillet, c'est-à-dire pendant dix jours, le malade fut tenu en observation. Il ne pouvait absorber qu'un peu de lait, et encore lui arrivait-il parfois de le rejeter.

Opération. — Pratiquée le 18 juillet, par M. Terrier. Laparotomie médiane, sus-ombilicale. L'exploration de l'estomac montre que la face antérieure est envahie par la production néoplasique dans toute la portion située à gauche de la ligne médiane. Le néoplasme paraît avoir débuté par la grande courbure et avoir ensuite envahi les deux faces de l'estomac, principalement la face antérieure. La région du pylore est saine.

Devant l'étendue des lésions, l'envahissement des deux faces de la grande courbure, l'absence de sténose pylorique, les adhérences de l'estomac avec le plan profond, M. Terrier rejette la gastrectomie et la gastro-entérostomie comme impossibles et décide de pratiquer une jéjunostomie latérale.

Manuel opératoire. — Le grand épiploon est relevé ainsi que le côlon transverse et M. Terrier va à la recherche, le long du flanc gauche de la colonne vertébrale, de l'origine du jéjunum. Il choisit, pour placer la bouche intestinale, un point distant de dix-huit centimètres de l'angle duodéno-jéjunal. Ce point est attiré au niveau des lèvres de la plaie et le jéjunum disposé transversalement. Il est suturé au péritoine pariétal par une collerette de fils de soie. Puis la paroi est complètement refermée, sauf au niveau du point où sera faite la bouche intestinale. L'ouverture cutanée mesure à peine un demi-centimètre de diamètre.

Deux fils suspenseurs non perforants ont été placés sur le jéjunum à droite et à gauche du point qui doit être ouvert, et ensuite ils ont été ramenés au dehors.

Suites opératoires. — Elles furent très simples et le malade, quoique très affaibli, supporta parfaitement l'opération pratiquée.

Pendant les quinze jours qui ont suivi le premier temps de l'opération, le malade a pu s'alimenter par l'œsophage. Il arrivait, par cette voie, à absorber du lait, de l'eau de Vichy, des œufs. Mais les liquides eux-mêmes ne parvenant plus à passer qu'à grand'peine, M. Terrier pratique le 1er août l'ouverture du jéjunum. Les deux fils suspenseurs servent à repérer l'intestin et M. Terrier ouvre la paroi du jéjunum avec la pointe la plus fine du thermocautère. L'ouverture est donc très petite.

Le lendemain, on commence l'alimentation par la bouche

jéjunale. On y injecte du lait, des jaunes d'œuf et de la peptone. On se sert pour cela d'une seringue ordinaire et d'un instillateur urétral de calibre moyen (n° 10). L'instillateur est introduit à une profondeur de 2 à 3 centimètres : puis on pousse le liquide.

Le premier jour, on injecte 10 centimètres cubes de lait et 20 centimètres le soir.

Le lendemain, 3 août, 60 centimètres cubes de lait en deux fois.

4 août. — 40 centimètres cubes de lait le matin et la même quantité le soir.

11 août. — 800 grammes de lait dans la journée, avec œufs et peptone.

18 août. — 600 grammes de lait.

20 août. — On injecte par la bouche jéjunale un litre de lait en 24 heures avec peptone et 4 jaunes d'œufs.

28 août. — Le malade meurt, avec un œdème considérable des membres inférieurs. Il succombe aux progrès de la cachexie cancéreuse, sans complication organique, mais avec de la diarrhée.

Depuis le 11 août, le malade ne pouvait plus rien absorber par l'œsophage : donc, du 11 août au 28, l'alimentation s'est faite *exclusivement* par la bouche jéjunale. Le malade n'avait pas la sensation de l'introduction des aliments dans le jéjunum ; mais après l'injection, il éprouvait une sensation de bien-être comme à la suite d'un repas. Le liquide injecté dans l'intestin y restait très bien maintenu. *Jamais* il n'y eut la moindre régurgitation et la bouche jéjunale a toujours bien fonctionné.

L'autopsie est pratiquée 24 heures après la mort, soit le 29 août. — En ouvrant la cavité abdominale, on incise de façon à circonscrire la bouche jéjunale et à enlever en même temps que le paquet intestinal une collerette cutanée. On achève ensuite les incisions habituelles et on examine les viscères.

Posant une ligature sur l'intestin grêle, au-dessous de l'abouchement jéjuno-pariétal, on enlève d'un bloc l'estomac, le pancréas, le duodénum et le foie. Au moment de mettre une ligature sur le cardia, on constate qu'au niveau de l'orifice œsophagien du diaphragme, un volumineux ganglion, gros comme une amande, comprime fortement l'œsophage. Celui-ci est, d'ailleurs, sain dans toute son étendue, ainsi que le pharynx.

L'estomac n'est pas dilaté. La plus grande partie de sa face antérieure est adhérente à la face inférieure du foie. De nombreux ganglions néoplasiques sont échelonnés le long de la petite courbure. Le néoplasme a débuté par la grande courbure et a gagné la face antérieure. Mais la face postérieure est également atteinte ; elle est intimement fusionnée avec le pancréas et celle-ci est envahie par la dégénérescence épithéliale.

Les autres viscères sont normaux. Le cœur est, à la coupe, de couleur feuille morte.

La bouche jéjunale est très nettement établie ; les sutures sont en très bon état ; la perméabilité des deux bouts de l'intestin est conservée. Pas de dilatation du bout supérieur ni du bout inférieur.

CONCLUSIONS

1° Lorsque l'orifice pylorique est oblitéré par une tumeur dont le volume ou les adhérences ne permettent pas l'excision, la jéjunostomie, opération purement palliative, peut assurer au malade une survie de plusieurs mois et la diminution, sinon la disparition de ses douleurs.

2° La jéjunostomie est surtout indiquée dans les cas d'ulcérations de l'œsophage et de l'estomac par ingestion de caustiques; parce qu'elle assure à ces organes un repos complet tout en permettant l'alimentation; dans ces circonstances, elle ne sera faite qu'à titre temporaire.

3° Les procédés opératoires employés sont très nombreux; on peut cependant en distinguer 2 classes; jéjunostomies latérales (type Surmay); jéjunostomies terminales (type Maydl).

4° Dans les deux tiers des cas environ, la guérison opératoire a été obtenue : la mort doit être attribuée le plus souvent à l'état de cachexie où se trouvent les malades, et non à l'opération qui présente en elle-même peu de gravité.

INDEX BIBLIOGRAPHIQUE

Surmay. — De l'entérostomie. *Bulletin gén. de thérap.*, t. XCIV,
p. 445 et t. XCV, p. 198.

Robertson. — A case of fibrous stricture of the pylorus : enterostomy : death. *British med. Journal*, 1885, I, p. 376.

Golding-Bird. — On a case of jejunostomy for cancer of the
pylorus. *Clinical Society's Transactions*, t. XIX, p. 70.

Lee and Pearce-Gould. — Cancer of the pylorus and duodenum-
jejunostomy : death. *The Lancet*, 1885, II, p. 1092.

Maydl. — Ueber Jejunostomie oder die Anlage einer Ernährungs
fistel bei radical inoperabler Pylorussenge. *Medizinische
Jahrbucher.* Wien, 1887, II, p. 539.

Greig-Smith. — *Abdominal Surgery.* London, 1887.

Albert. — Jéjunostomie. *Arbeiten und Jahresbericht der Chirurgischen Universitäts. Klinik zu Wien.*, 1889, p. 220.

Jessett. — Five cases of gastro-enterostomy and two cases of
jejunostomy for carcinoma of the stomach. *Clinical Society's
Transactions*, t. XXV, p. 105 et *British med. Journal*, 1892,
I, p. 119.

Mayo-Robson. — Two cases of pylorectomy and one of jejunostomy with remarks and with a suggested modification of the
first operation. *Medico-Chirurgical Transactions*, t. LXXV,
p. 407.

Larkin. — A case of gastro-enterostomy for relief of pyloric
obstruction followed later by recurrence of symptoms for
which jejunostomy was performed. *The Lancet*, 1891, II,
p. 667, 786 et 1222.

MAYDL. — Ueber eine neue Methode zur Ausführung der Jejunostomie und Gastroenterostomie. *Wiener medic. Wochens.*,
1892, p. 697, 740 et 785.

MONTAZ. — Un cas d'entérostomie. *Dauphiné médical*, 1894,
p. 94, et *Archives provinciales de chirurgie*, 1894, n° 7.

BECK. — Maydl's new method of jejunostomy and gastro-enterostomy for pyloro-stenosis. *Chicago medical Recorder*, 1892,
III, p. 630.

ALBERT. — Eine neue Methode der Jejunostomie. *Wiener med.
Wochens.*, 1894, p. 57.

HAHN. — Ueber Jejunostomie. *Deutsche med. Wochens.*, 1894,
n° 27.

FREIHER VON EISELSBERG. — Zur frage der Jejunostomie. *Arch.
für klin. Chirurgie*, t. L, p. 932.

CRIPPS. — A method of temporarly closing the opening after
gastrostomy or enterostomy. *British medical Journal*, 1896,
I, p. 1383.

COTTEREL. — Id. *British medical Journal*, 1896, I, p. 1557.

KAREWSKI. — Ueber ein Fall von Chlorzinkvergiftung, nebst Be-
merkungen zur Jejunostomie. *Berliner klin. Woch.*, 1896,
p. 1112.

BORCHER. — *Thèse*, Greifswald, 1896.

FREIHER VON EISELSBERG. — *Arch. für klin. Chir.*, 1897, t. LIV.

MAYLARD. — A case of extensive carcinoma of the stomach for
which jejunostomy, as modified by Maydl, was successfully
performed. *The Lancet*, 1897, II, p. 1454.

SCOTT. — Gastro-enterostomy, jejunostomy and jejunorraphy on
the same case. *Clereland med. Journal*, 1897, II.

JEANNEL. — Chirurgie de l'intestin, 1898.

A. GUINARD. — Chirurgie de l'estomac, in Traité de chirurgie,
Le Dentu et Delbet, t. VII.

VERDIN. — Duodénostomie et jéjunostomie. *Thèse*, Paris, 1898.

TERRIER. — Quelques remarques sur la jéjunostomie. *Bull. de la
Société de chirurgie*, 1898, p. 986.